경제사문고 004

세계화의 기원과 변모

양동휴 지음

도서출판 해남

세계화의 기원과 변모

초판1쇄 인쇄 2023년 7월 10일
초판1쇄 발행 2023년 7월 14일

지은이 양동휴
발행인 노현철
발행처 도서출판 해남

출판등록 1995. 5. 10 제1-1885호
주　　소 서울특별시 마포구 마포대로8길 9 영명빌딩 405호
전　　화 739-4822 팩스 720-4823
이 메 일 haenamin30@naver.com
홈페이지 www.hpub.co.kr

I S B N 978-89-6238-904-3 93320

머리말

이 책은 『경제발전연구』와 『경제논집』에 실린 글(각각 2004. 6) 두 편을 재수록한 『세계화의 역사적 조망』(서울대 출판문화원, 2007, 2012) 제1장과 제4장을 문고판 형식으로 다듬은 글이다.

문고판은 나름대로 다른 의미가 있을뿐더러 책의 저작권은 저자에게 있으므로 표절 시비가 나오지 않기를 바란다. 한참 탈세계화로 달음질치는 시기에 이 글이 낡아 보일지 모르나, 제4장 세계화와 불평등과 제5장 세계화의 후퇴를 읽으면 자연히 이해되리라 믿는다. 따로 '탈세계화 세계와 한국의 대응'이라는 글을 마련하였지만 다른 기회로 발표를 미룬다. 독자들의 오해를 부추기지 않기 위함임을 이해 바란다.

끝으로 항상 책을 더 좋게 만들어 주는 도서출판 해남에 감사를 표하며 경제사문고가 더욱 발전하고 독자도 많아지기를.

2023. 6

양동휴

차례

들어가며

* 이 책의 일부는 Forschungscolloquium der Abteilungen Wirtschaft, John F. Kennedy-Insitut fuer Nordamerikastudien, Freie Universitaet Berlin 2003. 7. 1에 발표되었다. 이 연구는 서울대학교 발전기금 및 간접연구경비에서 지원된 연구비에 의해 수행되었다.

사상, 지식, 과학, 환대, 여행 등 그 성질상 국제적이어야만 하는 것들이 있다. 그러나 재화는 비용이 적절하고 사용도 편리하다면 얼마든지 자급하도록 하자. 무엇보다 금융은 국내 사정을 우선으로 해야 한다.

(Keynes 1933: 758)

자본주의 세계 경제의 독특한 특징은, 정치적 결정은 주로 법적 구속력을 갖는 더 작은 구조, 즉 세계 경제 내의 국가들(민족 국가, 도시 국가, 제국)을 지향하는 반면, 경제적인 결정은 주로 세계 경제 무대를 지향한다는 것이다.

(Wallerstein 1974: 67)

오늘날 우리는 수시로 세계화(globalization)에 대한 찬반 논의를 언론에서 접하고 있으며, 여러 나라에서 벌어지고 있는 세계화 반대 시위 소식에도 익숙하다. 그러나 세계화라는 개념이 일상 용어 또는 학술 용어로 정착한 것은 불과 얼마 전의 일이다.[1)] 이 개념은 기술, 정치, 문화, 환경 등 매우 여러 가지 차원을 포함하고 있으므로 계제에 따라 서로 다른 의미를 갖게 되는 혼란 가능성을 항상 내포하고 있다(Held et al. 1999; O'Meara et al. 2000).

1) 옥스퍼드 영어사전에 의하면 '글로벌'(global)이라는 단어는 17세기부터 사용되었으나 '글로벌라이즈'(globalize)는 1962년 『스펙테이터』(*Spectator*)지에 처음 등장한다. 이때 '글로벌라이징'은 사물을 '글로벌' 하게 만드는 행위를 지칭하였다. 그러므로 '글로벌' 경제라 함은 지구의 모든 부분이 단일 경제의 일부가 된 상태를 의미한다. 그 정도에 따라 완전한, 또는 부분적 세계화로 구분할 수도 있다(Temin 1999:

이 책에서는 경제적인 차원의 세계화에 논의를 한정시키고자 한다. 경제학적으로 세계화란 "재화 및 용역과 생산 요소, 즉 노동과 자본의 시장이 더욱 밀접하게 국제적으로 통합되는" 과정으로 정의된다(Bordo 2002: 20). 국가 간 시장 통합은 대서양 연안국끼리, 또 이들과 남아시아, 동남아시아 나라들과 16세기부터 시작되었다(Wallerstein 1974). 그러나 교역된 상품은 사치품에 국한되었으며 19세기 이전에는 '가격 수렴'이 관찰되지 않았다(O'Rourke and Williamson 2002). 따라서 일반적으로 19세기 후반을 세계화의 제1차 물결(first wave), 20세기 후반을 세계화의 제2차 물결(second wave)이라 부른다. 제2차 물결에서는 상품 및 생산 요소 시장에 부가하여 정보 시장의 통합을 포함하며, 국가 간 시장 통합뿐 아니라 국가 내의 시장 통합까지 논의하는 경우도 있다(Temin 1999: 77). 제1차 물결과 제2차 물결 사이, 즉 두 차례의 세계 대전을 포함하는 약 반세기 간은 세계화가 정지하거나 오히려 후퇴(backlash)한 기간이었으며 이 시기는 경제전쟁, 무역 장벽, 이민 제한, 자본 통제, 민족주의 등으로 점철되었다.

즉, 세계화라는 용어의 사용은 비교적 최근의 일이지만 시장 통합의 역사는 약 150년 전까지 거슬러 올라간다. 이 책의 목적은 세계화를 역사적으로 조망함으로써 세계화에 관한 찬반 논의를 더욱 잘 이해할 수 있도록 도움을 얻는 데 있다. 여기에서는 우선 세 개의 장에서 각각 상품 시장, 자본 시장, 노동 시장의 통합을 검토한다. 제4

76). 뉴욕타임즈에 '세계화'가 언급된 횟수는 1970년대에는 한 번도 없다가 1980년대에는 1주에 1번 미만, 1990년대에는 1주에 2-3번, 2000년 이후로는 평균 하루에 한 번 이상이었다(Fischer 2003: 2, fn. 1).

장에서는 세계화와 불평등의 관계를 고찰한다. 다음 장에서는 세계화의 후퇴 경험을 살펴보고 향후 세계화의 정지 및 후퇴 가능성을 가늠한다. 제6장과 제7장은 지역 통합 움직임과 세계화를 조율하는 문제를 다룬다. 마지막으로 이 책의 정책적 함의를 따져 보는 것으로 결론에 대신하고자 한다.

제1장

상품 시장 통합

상품 시장 통합의 정도는 GDP 대비 무역(수출+수입)량의 비율 또는 상품 가격의 수렴으로 측정할 수 있다. 〈그림 1-1〉은 세계무역액을 세계총생산으로 나눈 비율이 19세기 후반에, 그리고 다시 20세기 후반에 급속도로 증가하였음을 보여 준다. 또한 품목별로 다르겠지만, 예를 들어 향료나 커피의 경우 생산지 가격과 소비지 가격의 비율도 1820년대까지 5 내지 20대 1이었으나 점차 하락하여 1900년대에 오면 2 대 1 이하로 떨어졌다(O'Rourke and Williamson 2002). 이것은 특히 19세기의 경우 운송비가 빠른 속도로 하락하였음을 반영한다. 증기선의 발달이나 수에즈 운하의 개통(1869), 철도 건설 붐, 냉장 기술의 진보 등은 국내적으로도 국제적으로도 운송비를 절감하게 한 주요인이었다(O'Rourke and Williamson 1999: ch. 3). 교통·통신의 발달이 세계화의 가시적인 '기술적 근간'(flesh)이라면 '정치적·제도적 근간'(spirit)도 중요하다. 여기에는 상품 시장에 영향을 미치는 무역 정책뿐만 아니라 "재산권의 안전, 계약의 이행, 안정적이고 예측 가능한 통화 및 재정 정책 등 공공재를 공급하는 각종 법적·관습적 장치의 광범위한 집합"이 포함된다(Taylor 2002). 한 마디로, 세계 무역의 '안전한' 환경이 19세기에 정착되었다는 것이다.

무역 정책만 본다면 영국을 주도로 중상주의에서 자유 무역 기조로 이행한 계기로서 1846년 곡물법 폐지, 1860년 영불 무역 협정(Cobden-Chevalier Treaty)을 들 수 있다. 그러나 미국은 1860년대, 유럽 대륙은 1870년대 후반부터 보호주의로 선회하였으므로 전반적인 효과는 미지수이다. 역사적으로 보아 "자유 무역은 예외이고 보호

〈그림 1-1〉 1800년 이후 GDP 대비 국제 무역

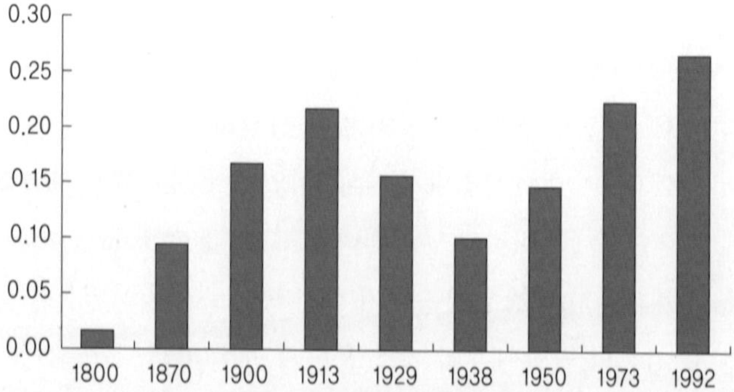

주: (수출 + 수입)/생산.
자료: Taylor(2002).

주의가 일반적이었다”(Bairoch 1993: 16). 유럽에서는 1860년대와 1870년대 전반 정도가 자유 무역의 ‘막간’(interlude)이었다. 자유 무역 정책이 더 오래 유지된 영국과 네덜란드는 예외이다. 그밖의 국가와 자유 무역의 막간 이외의 기간에는 관세, 비관세 장벽이 풍미하였다. 식민지나 주변부 국가들에서만 경제를 개방하도록 강요당하였던 것이다. 그러나 그들은 결코 자유 무역의 수혜자라고 할 수 없다. 〈표 1-1〉은 제3세계의 탈공업화 과정을 뚜렷이 보여 주고 있다. 19세기의 상품 시장 통합은 중심-주변 관계를 더욱 공고하였다고 결론지을 수 있다.

19세기에 비하면 20세기에는 항공운송비가 큰 폭으로 하락하

였음에도 불구하고 교통비 감소의 속도도 느릴뿐더러 상품 시장 통합에의 기여도도 작았다. 20세기 후반의 무역 성장의 주된 요인은 무역 정책의 변화, 즉 관세 및 비관세 장벽의 완화와 교환에 관계된 정보의 원활한 소통이다. 20세기 무역 성장의 또 하나의 요인은 교역 당사국들의 경제 규모가 비슷해졌다는 것이다.[2] 또 다른 특징은 교역된 상품의 구성 변화이다. 19세기에는 62-64%가 1차 산품(식품 27, 농업원자재 22-23, 광물 14)이었으나 20세기에는 18%(식품 8, 농업원자재 2, 광물과 원료 8)로 떨어졌다(Findlay and O'Rourke 2003: 55).

〈그림 1-1〉에서 보는 바와 같이 GDP 대비 국제 무역의 비율은 1970년경에 오면 1913년 수준으로 회복하고 이후에는 그 수준을 능가하기 시작한다. 그러나 상품 부가가치 대비 상품 교역의 비율, 즉 교역 가능한 재화(제조업, 광업, 농업)의 생산 중 실제 교역이 차지하는 비중을 살펴보면 시장 통합이 훨씬 더 높은 수준으로 빠르게 이루어지고 있다. 이는 서비스 부문이 커졌기 때문으로 보이며, 이에 부가하여 중간재 교역의 급속한 증가에도 기인한다. 이른바 '수직적 특화'(vertical specialization), 달리 말하여 '생산의 분할'(disintegration of production)이 1970년대부터 급속도로 정착하였는데 그 형태는 주문자 상표 부착 방식(OEM)이라든가 외부 조달(outsourcing)[3] 등이 있

2) 예를 들어 3개국으로 구성된 GDP 120의 세계를 가정해 보자. 각국의 GDP가 100, 10, 10일 때 이 세계의 최대 무역 가능 수준은 40으로서, 소규모 국가의 생산을 모두 수출하고 같은 액수를 수입하는 경우이다. 그러나 각국의 GDP가 각각 40이라면 최대 무역 가능 수준은 120이 된다. 이와 같이 교역국들의 경제 규모가 비슷하게 되면 국제 무역이 늘어난다(Feenstra 1998: 34).

3) 다국적 기업 내의 교역을 포함하나 이것의 중요성은 감소하고 있다.

〈표 1-1〉 제3세계와 선진국의 공업화 수준, 1750-1990(영국 1900년=100)

	총 제조업 생산(10억$)		1인당(지수)	
	제3세계	선진국	제3세계	선진국
1750	93	34	7	8
1800	99	47	6	8
1830	112	73	6	11
1860	83	143	4	16
1900	60	481	2	35
1913	70	863	2	55
1928	98	1,260	3	71
1938	122	1,560	4	81
1953	200	2,870	5	135
1973	927	8,430	14	315
1980	1,320	9,910	19	347
1990	2,480	12,090	29	412

주: 공업화 수준은 1인당 제조업 생산 지수.
자료: Bairoch(1993: 91).

다. 이와 같은 외부 조달은 요소 가격 균등화를 가속시키며 미숙련 노동 절약적 기술 진보와 마찬가지로 임금 분배에 영향을 미쳐 수입국 내의 불평등도를 높일 것이다(Feenstra 1998). 세계화와 소득 분배에 관해서는 제4장에서 다시 논의하기로 한다.

이와 관련하여 크루그먼(Krugman 1995)은 현재의 무역 성장이 19세기와 다른 네 가지 특징에 대해 논의하고 있다. 즉, 산업 내 무역의 성장, 부가가치 연쇄고리의 단절, 싱가포르, 홍콩 등 초무역 경제의 등장, 그리고 저임금 제조업 수출국의 대두 등이다. 처음 두 가지는 다음과 같은 '비특화(despecialization) 지수'를 구함으로써 검증할 수 있다.

$$1 - \Sigma \mid X_i - M_i \mid / \Sigma (X_i + M_i).$$

단 X_i와 M_i 는 i 산업의 수출과 수입이다. 이 지수는 모든 무역이 산업 간 무역일 때 0, 모든 무역이 산업 내 무역일 때는 1이 된다. 15부문의 2자리 SIC 수준에서 미국의 경우 1909년에 이 지수는 0.53, 1995년에 0.78로 계산되어 산업 내 무역이 늘어났음이 확인된다(Bordo, Eichengreen and Irwin 1999). 비슷한 지수를 이용한 1960년대 이후 미국, 독일, 일본에서 산업 내 무역의 증가 추세는 시버트(Siebert 1999)가 계산한 바 있다.[4)]

4) 산업 내 무역

	1961	1966	1971	1976	1981	1986	1991	1996
독일	0.4102	0.4868	0.5735	0.5631	0.6115	0.6597	0.7500	0.7277
일본	0.2453	0.2319	0.2743	0.2025	0.2010	0.2463	0.3385	0.4310
미국	0.4695	0.5295	0.5271	0.5008	0.4953	0.5361	0.6556	0.6721

자료: OECD, International Trade by Commodities Statistics.
산업 내 무역은 2자리 수준 Grubel-Lloyd 지수 $\Sigma[(X_i + M_i) - \mid X_i - M_i \mid] \Sigma(X_i + M_i)$.

제2장

자본 시장 통합

상품 시장과 마찬가지로 자본 시장 통합의 정도도 GDP 대비 국제 투자의 비율 또는 수익률의 수렴으로 측정할 수 있다. 〈그림 2-1〉은 자본 이동을 총생산으로 나눈 비율이 19세기 말에, 그리고 다시 20세기 말에 급상승하였음을 보여 준다.

세계화의 제1차 물결에 자본 이동이 워낙 대량이었기 때문에 1980년대에도 해외 투자율이 100년 전의 절반 수준이었음을 염두에 둘 필요가 있으며, 그 이후에 국제 투자가 급증한 것에 유의하자. 19세기에는 국제 자본이 중심부, 즉 영국, 프랑스, 독일에서 상대적으로 주변부라 할 수 있는 캐나다, 호주, 아르헨티나로 이동하였으나 더욱 가난한 나라로 투자되지는 않았다. 이것은 아마 더 가난한 국가의 경우 기술 수준이 낮아 임금뿐 아니라 자본수익률도 낮았던 데 기인하였을 것이다. 자본공여국은 규모가 클 때는 국내 총저축의 거의 절반을 해외에 투자하였고 자본수입국은 외자 의존도가 매우 높아서 요즈음 남미보다 더 심하였다. 이들 자본은 주로 주식이나 채권 등 포트폴리오의 형태로 사회간접자본(SOC) 또는 정부 부문으로 흘러들어 갔다. 20세기에는 직접 투자의 비중이 늘어났으며 이는 기술 이전을 수반하므로 소득 수준 수렴에 일조하였을 것이다. 19세기 말 자본 이동이 신대륙으로 노동 이동과 함께 이루어짐으로써 수렴이 아닌 발산의 동력이 된 것과 대조적이라 할 수 있다(O'Rourke and Williamson 1999: chs.11-12). 또한 100년 전에 비해 서비스에 대한 직접 투자가 늘어난 것도 특징이다. 1914년에 미국 해외직접투자(FDI)의 40% 이상이 광업과 석유 부문이고 제조업과

〈그림 2-1〉 1870년 이후 GDP 대비 국제 투자

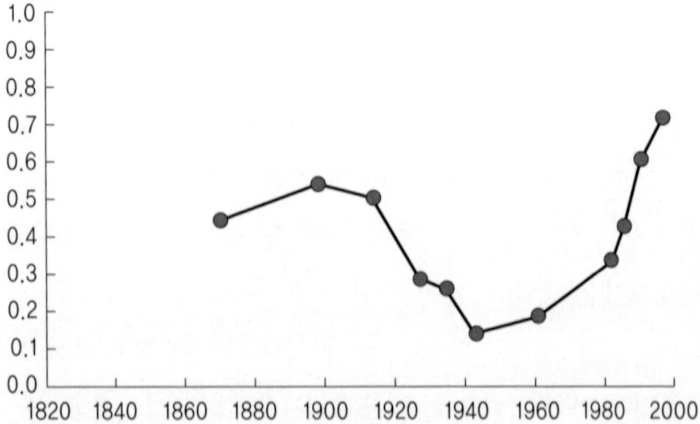

자료: Taylor(2002).

서비스(주로 철도와 전기, 가스, 수도 등)가 각각 20%이었는데, 오늘날에는 50% 이상이 은행, 금융, 보험, 유통, 에너지, 정보통신 등 서비스 부문이고 제조업이 35% 정도이다. 이것은 상품 시장뿐 아니라 서비스 시장에도 국제 경쟁이 심화되었음을 의미한다(Bordo, Eichengreen and Irwin 1999). 전간기 국제 자본 시장의 와해 기간을 제외한다면 자본 이동은 귀금속 운송 비용의 하락, 통신 기술 및 보험, 기타 금융 기관의 발달 덕분에 지속적으로 촉진되었다. 또한 정보 비대칭성이나 계약의 문제, 거시 경제적 위험 등도 점차 줄어들었다. 적절한 회계 기준도 광범위하게 채택되었으며 중앙은행 간 협력도 향상되었다.

자본 이동의 크기보다 이자율이 자본 시장 통합의 더 좋은 척도

가 될 수도 있다. 이자율은 19세기 말에, 그리고 20세기 말에 다시, 낮은 수준에서 안정적이었다. 외환 리스크를 감안한 '명목 이자율'(exchange-risk free nominal interest rates)은 미국, 영국, 독일 간에 1880년대에서 1910년대까지, 그리고 1980년대 이후 비슷한 수준으로 수렴하였다(Obstfeld and Taylor 2003: 152-154). 투자율을 저축률에 회귀하였을 때의 기울기 계수인 펠드스타인-호리오카 계수(Feldstein-Horioka coefficient)는 낮을수록 자본 시장 통합의 정도가 높음을 나타낸다. 〈그림 2-1〉은 1872-1927년 기간에 1970년대 이후보다 자본 시장 통합 정도가 높았음을 보여 주고 있다. 이는 자본 시장이 호황 시에 더욱 통합되는 경향이 있음을 의미할 것이다. 국제 통화 제도, 즉 금본위제인지 변동환율제인지에 따라 달라진 측면도 생각할 수 있다.

자본 시장 통합은 금융 위기의 빈도와 강도, 전염성에 영향을 미친다. 금융 세계화의 제1차 물결에서는 통화 위기가 더 오래 지속되었으며 이것은 금융 시장과 금융 제도가 미성숙하였던 까닭으로 보인다. 1970년대 후반 이후에는 위기가 종종 통화 및 은행의 동시 위기(twin crisis)의 형태를 띠었다. 그러나 위기의 강도는 낮았다. 다시 말하여 실물 생산 손실이 심하지 않고 회복도 빨랐다. 자본의 높은 이동성은 소규모 경제에 항상 불리하였는데 이것은 자본 이동이 소규모 경제의 거시 정책 수행 범위를 불비례적으로 더 제한하기 때문이다(Eichengreen and Bordo 2002). 스티글리츠(Stiglitz 2002)는 심지어 국제통화기금(IMF) 요구 조건과 단기 자본 이동의 결합은 금융 후진국에 자동으로 위기를 초래한다고까지 주장하고 있다. 이 모든

〈그림 2-2〉 펠드스타인-호리오카 상관관계의 역사

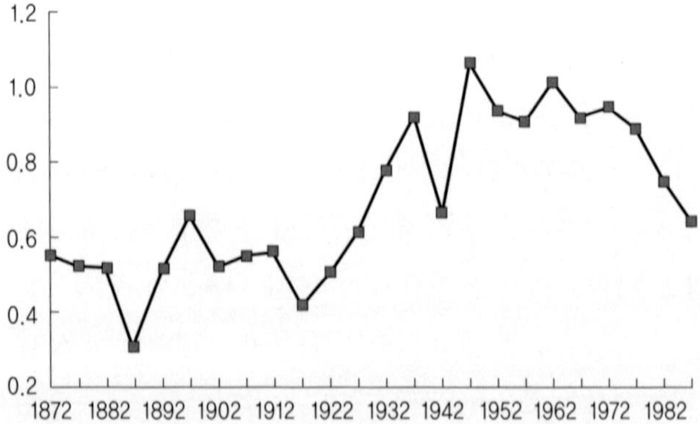

주: 펠드스타인-호리오카 계수는 투자율을 저축률에 회귀했을 때의 기울기 계수임.
자료: O'Rourke and Williamson(1999: 216).

것이 금융 제도가 미발달한 나라의 경우 단기 자본 이동을 규제할 필요가 있다는 것을 의미한다. 금융 위기와 금융 위기에 대한 우려는 상존하는 반(反)세계화 운동의 잠재 요소이며 세계화 '후퇴'(backlash)의 기폭제가 될 가능성도 있다. 금융 제도가 미성숙한 소규모 경제일수록 소위 트라이레마(trilemma), 즉 자유로운 자본 이동, 안정적 환율, 독립적인 통화 정책의 수행 세 가지를 동시에 구가할 수 없다는 수렁에서 빠져나오기 힘들게 된다. 자본 시장의 통합에 직면하였을 경우 과감히 자유로운 변동환율을 택하기도 힘들기 때문이다.[5] 그러나 엄격한' 자본 통제보다는 '시기와 순서를 적절히

조정해 가며 세계화된 자본 시장에 통합되는 편'(well-phased and well-sequenced integration into the global capital market)이 득이 된다는 설이 지배적이다(Fischer 2003: 14). 다시 말하여, 작은 나라일수록 큰 시장에 편입됨으로써 다각화를 통해 위험을 분산하고 규모의 경제를 누릴 수 있는 것이다.

5) 외환 시장을 신뢰할 수 없기 때문인데, 크루그먼의 표현에 따르면 '과민한 쇠약자'(nervous wreck)의 입장에 취하게 되는 것이다(Krugman 1998).

제3장

노동 시장 통합

19세기 말은 특히 유럽에서 신세계 쪽으로 움직이는 대량 이민(mass migration)의 시대였다. 미국에서만 약 3,000만 명의 이민을 받아들였다. 비교적 부유한 도시민들이 가족 단위로 이동하였던 19세기 초의 이민 유형과 대조적으로 19세기 말에 올수록 농촌 출신의 젊은 미숙련 미혼 남성이 많아졌다. 특히 이민의 출발지가 동유럽 및 남유럽 쪽으로 확산되면서 이민의 '질'이 낮아지는 추세가 보인다. 이것은 후발 공업국의 농촌-도시 간 이주의 연장선으로 해석할 수도 있다. 그러나 극히 가난한 자들은 드물었다. 이들이 이민 비용을 부담할 수 없었기 때문이다. 이를 뒷받침하는 증거로 '연쇄 이민'(chain migration)을 들 수 있다. 일단 정착하여 여유가 생긴 이민자가 가족, 친지, 이웃 등을 뒤따라 이동하도록 정보, 자금 등 모든 면에서 도와주는 것이다. 세계화의 제2차 물결, 즉 20세기 말의 이민은 제1차 대량 이민 시기보다 양적으로도 제한되었으며 패턴도 많이 변화하였다. 인구 이동은 주로 동유럽에서 서유럽으로, 저개발국에서 선진 공업국으로 움직이는 방향이었다. 아시아 출신 이민이 증가하였고 라틴아메리카는 이민의 도착지에서 출발지로 그 위상이 바뀌었다. 물론 이민은 높은 임금을 따라 노동이 이동하는 현상이며 임금 수준 균등화의 강력한 요인이었다(Chiswick and Hatton 2003: 69-76; O'Rourke and Williamson 1999: ch. 7).

요소 가격 균등화는 요소 이동이 없이도 이루어진다. 스톨퍼-새뮤얼슨 정리(Stolper-Samuelson theorem)와 헥셔-올린 정리(Heckscher-Ohlin theorem)에 의하면 자유 무역은 상품 가격을 균등화하고 이에 따른 생산의 특화는 차례로 상대적 요소 가격을 균등화한다. 상품 시장이 통합되면 각국은 자기 나라에 풍부한 생산 요소를 상대적으로 더 많이 사용하여 만들어지는 상품의 생산에 특화하게 된다. 예를 들어 신세계에서는 토지와 자연자원 집약적 상품 생산에, 구세계에서는 노동 집약적 상품 생산에 특화한다. 자연히 신세계의 토지 수요와 구세계의 노동 수요가 증가한다. 따라서 19세기에 임금-지대 비율은 신세계에서는 하락하고 구세계에서는 상승한 것이다. 이러한 추세는 구세계에서 신세계로의 노동 이동에 의해 강화된다. 또한 희소한 생산 요소를 절약하는 방향으로 기술 진보가 일어난다면, 이와 같은 상대적 요소 가격 균등화 경향은 더욱 힘을 얻게 될 것이다. 몇몇 추계에 의하면 19세기 말 임금 수렴(1875-1914, 신세계와 구세계, 미국과 영국의 상대적 임금-지대 비율의 변화)을 설명하는 가장 큰 요인은 희소 요소 절약적 기술 진보였으며, 다음이 헥셔-올린 상품 가격 효과였고, 이민에 의한 요소 부존 비율의 변화는 중요도 순위가 세 번째로 나타났다(O'Rourke, Taylor and Williamson 1996; Williamson 1996).[6] 저개발국의 경우 세계화에 의해 소규모 개방 경제가 되면 상품 가격 균등화의 영향력이 크다. 중심 주변부 간 생활 수준 격차가 크고 그 격차가 더욱 커짐에도 불구하고 상대적 요소 가격 수렴 현상이 관찰된다. 선진국처럼 자본 축적이나 기술 진보가 중요하지 않으므로 임금-지대 비율의 변화는 노동 이동과 헥셔-

6) 20세기 말 세계화의 제2차 물결에서 이러한 추세는 더욱 강하게 나타나서 노동 절약적 기술 진보가 미숙련 임금 하락의 대부분을 설명하게 된다. 주 7) 참조.

올린 효과가 설명하게 된다. 헥셔-올린 정리에 따라 19세기 말 20세기 초에 토지가 풍부한 주변부, 즉 남미나 동남아의 임금-지대 비율은 하락하였고 20세기 초 인구밀도가 높은 주변부, 예를 들어 한국이나 대만에서는 임금-지대 비율이 상승하였다(Williamson 2002a). 20세기 말의 세계화 제2차 물결에 오면 자연자원 부존의 중요성이 감소하고 세계화에서 자본 시장 통합의 비중이 점차 커지게 되어 이민이 실질 임금이나 소득 분배에 갖는 의미가 줄어들었다. 19세기 말부터 시작하여 점차 경직적으로 되었던 이민 제한이 1960년대부터 완화된 것도 이런 맥락에서 이해할 수 있다(Chiswick and Hatton 2003: 84).

제4장

세계화와 불평등

개인 소득의 세계적 불평등도는 19세기에는 급속히, 20세기에는 완만히 높아졌는데 이를 국가 내 불평등과 국가 간 불평등으로 나누어 보면 국가 간 불평등이 상승 추세를 주도한 것으로 나타났다(〈그림 4-1〉). 다른 요인들이 많이 있겠지만 세계화의 영향만을 고려해 보자. 요소 가격 변화는 소득 분배, 즉 국가 내 불평등과 국가 간 불평등에 직접적인 영향을 미친다. 국가 내에서는 임금-지대 비율이 균등화되면 신세계의 임금은 하락하고 구세계의 임금은 상승한다. 따라서 19세기의 세계화는 신세계의 불평등을 악화시키고 구세계의 불평등을 감소시켰다. 20세기 말에 부유한 나라의 상대적 임금이 저개발국 임금 수준으로 하락하는 추세를 보였는데 이것은

〈그림 4-1〉 개인 소득의 세계적 불평등도, 1820-1992

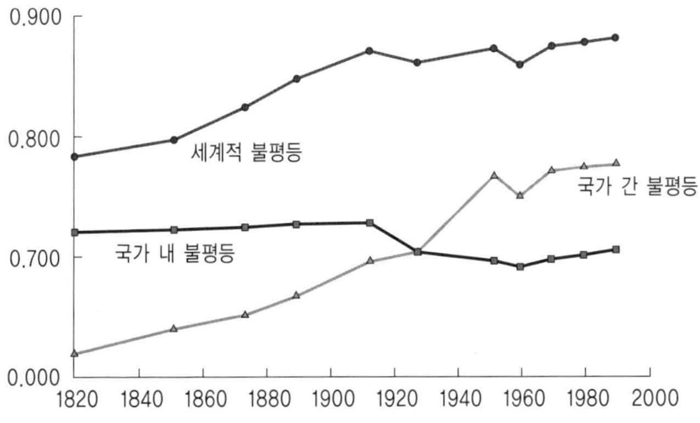

자료: Lindert and Williamson(2003: 230).

선진 공업국에서 불평등이 심화되고 저개발국의 불평등이 완화된 것을 의미한다. 미국 같은 부유한 선진국 미숙련 노동자의 소득은 세계화가 진행됨에 따라 다음과 같은 요인 때문에 감소하였으며 국가 내 불평등이 증대되었다. 즉, 상대 임금의 균등화, 미숙련 노동 집약적인 수입 상품과의 경쟁, 특히 쿼터가 폐지된 1960년대 이후에는 미숙련 노동자의 유입, 외부 조달(아웃소싱), 그리고 노동 절약적 기술 진보. 이 중에서 기술 진보의 효과가 가장 컸던 것으로 추계되고 있다.[7] 저개발국의 경우 세계화에 동참한 국가의 대부분에서 불평등이 감소하였다.[8] 선진국과 세계화에 동참한 저개발국, 불참한 저개발국을 전부 포함한 19-20세기의 세계적 국가 내 불평등도에 미친 세계화의 순효과는 분명하지 않다(Lindert and Williamson 2003: 264).[9]

국가 간 불평등은 조금 더 복잡하다. 국가 간 1인당 소득 격차가 장기적으로 커지는 가운데 지난 20년간은 그 속도가 눈에 띄게 줄었다.[10] 이 문제를 '새 성장이론'(New Growth Theory, endogenous growth theory)에서는 국가 간 소득 격차가 장기적으로 줄어든다는 '수렴'(convergence), 또는 여타 변수의 영향력을 통제하면 국가 간 불평등이

7) 최근 미국의 소득 불평등 악화의 80% 정도까지를 기술 진보의 숙련 바이어스가 설명한다고 한다(Fischer 2003: 10).

8) 최남미의 몇몇 나라에서는 경제 개방 이후 불평등이 악화하였는데 이는 아마도 너무 늦게 세계화에 동참한 까닭에 중국과의 경쟁에서 뒤떨어졌기 때문일 것이다(O'Rourke and Williamson 1999: ch. 9). 또한 중국, 인도, 옛 소련 등의 국가 내 불평등이 1990년대에 증가하였다. 이는 지역별 부분적 개방의 결과인 것으로 보인다.

9) 19세기에 그러하였던 것처럼 자본이 노동 이동을 따라 움직인다면 이민에 의해 국가 내 불평등이 교차하는 경향이 약화된다. 즉 토지나 자연자원에 비한 노동의 희소성 여부의 효과가 자본이라는 동반 생산 요소 때문에 절감되는 것이다. 2국 모형에서 3국 모형으로 확대하면 세계화에 의해 중위권 국가의 미숙련 노동의 소득이 상대적으로 하락하게 된다(O'Rourke 2001).

10) 이것은 주로 중국과 인도의 빠른 성장에 기인한다.

〈표 4-1〉 세계화가 개인 소득의 불평등에 미친 영향 요약

시기	세계적 불평등 추세	국가 간 불평등		국가 내 불평등	
		추세	세계화의 영향	추세	세계화의 영향
1500-1820	불평등 악화	불평등 악화	명백한 순효과 없음	불평등 악화 (서유럽)	명백한 순효과 없음
1820-1914	불평등 악화	불평등 악화	참가국이 불참국보다 이득. 참가국 중 이민은, 자본 이동이 악화시키는 정도보다 불평등 감소 효과가 크다. 예외가 있지만 자유무역은 불평등을 감소시켰을 것	명백한 추세 없음	세계화는 신세계의 불평등을 악화시키고 구세계의 참가국 불평등을 감소시킴
1914-1950	명백한 추세 없음	불평등 악화	세계화의 후퇴는 국가 간 격차를 확대함	불평등 감소 (OECD)	명백한 순효과 없음
1950-2000	불평등 약간 악화	불평등 약간 악화	세계화된 무역과 이민은 참가국 간 격차를 축소시킴. 불참국은 더욱 뒤떨어짐	불평등 약간 악화 (OECD)	세계화는 OECD 국가 내의 불평등 악화. 여타 국가에서는 불참 지역이 뒤떨어짐
1820-2000 전체	불평등 악화	불평등 악화	세계화된 무역과 이민은 참가국 간 격차를 축소시킴. 불참국은 더욱 뒤떨어짐	명백한 추세 없음	명백한 순효과 없음

자료: Lindert and Williamson(2003: 264).

결국은 감소하는 경향이 있다는 '조건부 수렴'(conditional convergence)이 관찰되는가, 아니면 왜 관찰되지 않는가에 관한 논의로 접근하고 있다(예를 들어, Aghion and Howitt 1998; 양동휴 2001). 수렴 논쟁은 주로 1인당, 또는 노동 1시간당 GDP를 기초 자료로 이용한다. 그러나 그보다 구매력 평가로 조정된(PPP-adjusted) 실질 임금이 시장 통합과 수렴의 관련을 검토하는 데 더 좋은 척도라는 주장이 있다(Williamson 1995). 일반적으로 기술 진보의 차이가 불평등의, 기술 이전이 수렴의 가장 중요한 요인으로 알려졌지만, 이 책의 관심사는 국가 간 불평등에 미치는 세계화의 영향, 즉 무역, 이민, 자본 이동의 효과이다. 장기 균형을 생각하면 요소 가격 균등화는 국가 간 임금 격차를 감소시킬 것이다. 그러나 동태적 측면을 고려하면 무역 자유화의 효과는 불분명해진다. 저개발국의 숙련 프리미엄이 낮아지면 인적 자본 투자가 감소하므로 성장률이 하락하여 국가 간 불평등이 심화된다. 인적 자본이 외생이면 숙련도의 비용이 싼 저개발국에 기술 진보의 유인을 제공하여 성장을 촉진하므로 국가 간 불평등은 감소한다. 〈그림 4-1〉에서 보는 바와 같이 국가 간 불평등은 증가 추세를 보이는데 이것은 세계화의 결과가 아니며 선진국의 성장 속도가 빨랐던 것에 기인한다. 오히려 세계화에는 기술 이전과 요소 가격 균등화를 통해 국가 간 불평등을 감소시킨 면이 클 것이다. 세계화에 불참한 나라들이 뒤떨어진 것도 불평등 심화의 한 요인이다. 〈표 4-1〉에 시기별로 세계적 불평등도에 미친 세계화의 효과를 정리하였다. 시기마다 다른 요인이 중요하였음을 명백히 보여 주고 있다.

제5장

세계화의 후퇴

19세기 말 20세기 초에 세계화의 동력이 약해져서 전간기에 세계 경제가 파편화되는 사태에 이르게 된 데에는 몇 가지 요인이 있다. 즉, '값싼 곡물이 신대륙으로부터 유입'되어(grain invasion, O'Rourke 1997) 유럽의 지대수입자들 소득을 감소시켰고, 유럽으로부터의 대량 이민으로 신대륙의 미숙련 노동 임금이 하락하였다. 또 유럽 제조업품 수입의 결과 신세계의 유치 산업 발달을 저해하였고 이윤율을 위협하였다. 이와 같은 변화에 대응한 정책의 형태는 유럽에서 곡물 수입에 대한 관세 부과, 신세계에서 제조업을 보호하기 위한 무역 장벽의 구축과 노동 임금을 유지하기 위한 이민 제한 등으로 나타났고 이들은 자연스럽게 세계화 추세를 중지, 나아가서는 반전시키기에 이르렀다. 다시 말하여 세계화의 결과로 보이는 국가 내 및 국가 간 불평등의 심화가 반세계화 운동을 촉발하였다. 그러나 세계화가 불평등을 감소시킨 경우라 하더라도 항상 소득과 부의 재분배를 수반하게 되므로 세계화로 인해 이득을 보는 집단과 손해를 보는 사람들이 있게 마련이다. 무역은 수입 대체 부문과 희소 생산요소의 손실을 초래한다. 노동 이동은 이민을 받아들인 나라의 미숙련 노동자 임금을 하락시킨다. 자본 이동은 한편으로는 국가 간 소득수렴 경향을 약화시키는 방향으로 영향을 미칠 수도 있으며(제4장 주 9)), 다른 한편으로는 금융 시장의 교란 요인으로 작용한다(제2장). 이러한 효과들은 반세계화 세력이 상품 및 요소 시장 통합을 지연시키는 국가 정책을 성공적으로 추진할 가능성을 의미한다. 실제로 세계화의 후퇴 조짐이 1880년대에 이미 나타났으며 전간기에는 광범위하게 확산되었다(Williamson 2002b). 아마도 "세계화의 동력은 스스로 파괴의 씨앗을 잉태하고 있는" 지도 모른다. 세계화와 그 반작용이 시계추의 움직임처럼 교대한다는 것이다(James 2001). 그러나 오늘날 시장 통합은 100년 전 수준과 비슷하거나 더 강력하게 이루어지고 있지만, 아직 세계화 후퇴의 심각한 징조는 보이지 않고 있다. 이것은 다음과 같은 요인 때문으로 보인다. 즉, (1) 100년 전에 비하면 더이상 대규모 이민은 관찰되지 않는다. (2) GDP 중에 교역 불가능 품목(nontradables)의 비중이 커졌으며, 농업의 비중이 매우 작아졌다. (3) 손실을 보는 부문에 보조금 지급이 증가하였다(Williamson 1998). (4) 각국의 금융 기관과 제도가 성숙하였으며 중앙은행 간 협력이 개선되었다.

제6장

세계화와 지역주의

1980년대 후반부터 가속된 경제적 지역주의, 지역 통합의 움직임은 개방되고 통합된 세계화 경제의 원만한 운행을 위협하고 있다. 예를 들어 확대 일변도의 유럽연합(EU)은 무역 장벽을 유지 또는 강화함으로써 여타 국가가 유럽 시장에 접근하는 데 제약을 가하고 있다. 북미자유무역협정(NAFTA)은 북미 시장에서 타지역 수출업자들을 차별하고 있으며 따라서 미국 소비자들에게 높은 가격을 감수하도록 강요한다. 라틴아메리카의 지역통합운동(MERCOSUR) 역시 극도로 차별적이다. 이와 같은 형태의 지역화는 더욱 개방된 세계 경제로 나아가는 디딤돌이 될 것 같지 않다.[11] 지역화된 세계 경제는 많은 저개발국을 배제할 것이며 그들의 경제 발전을 저해하거나 최소한 지연시킬 것이다. 지역주의는 또한 비회원국으로부터 회원국으로 무역 전환(trade diversion) 및 투자 전환을 초래하여 경제적 효율 달성을 방해한다. 지역 통합의 결과 회원국 간에 경제력 차이에 따른 강대국의 약소국 지배 및 착취의 가능성도 배제할 수 없다.

반면에 경제적 지역주의는 세계적 다자간 통합에 비해 몇 가지 이점을 가진다. 지역적 조정은 해외직접투자(FDI)나 다국적 기업의 행위에 대한 규제 등 세계무역기구(WTO)의 규정이 소홀히 하고 있는 중요한 문제, 즉 세계적 협상을 통해서는 효과적으로 해결할 수 없는 논쟁점들을 다룰 수 있다. 지역적 기구들은 규제 완화나 경쟁 정책 분야의 개혁을 수행하는 면에서 세계적 제도보다 더 신축적으

11) 더 자세한 이론적 실증적 논의는 양동휴(2004) 참조.

로 대응할 수 있다. 특정 지역이 규모의 경제나 동태적 비교우위를 달성할 만큼 넓고 다양하다면 관세동맹(CU)이나 자유무역협정(FTA)[12)]은 큰 경제적 의미를 갖는다. 경제적 지역주의의 현실적 대안이 경제적 민족주의밖에 없다면 지역주의는 '가능한 세계에서의 최적'(best of all possible worlds)을 구성하는 것이다(Gilpin 2000: ch. 11).

역사적으로 보면 1950년에 서독이 유럽지불동맹(EPU)을 이용하여 쌍무적 무역에서 다자간 무역으로 이행하도록 허용되었으며, 브레턴우즈 체제로 직접 흡수될 필요가 없었던 사례가 있다. EPU는 고비용의 쌍무적 무역을 피하도록, 그리고 다자간 무역과 결제를 할 수 있도록 하여 유럽 내 교역량을 대규모로 증가시켰다. EPU는 국제결제은행(BIS)에만 책임이 있었고 IMF에 대한 의무에서 자유로웠다. 미국으로부터도 특별 대우를 받은 이 지불동맹은 궁극적으로 1958년 태환성 회복으로 가는 중요한 한 걸음으로 여겨졌다(Eichengreen 1995; Yang 2004).

세계화와 지역주의의 흐름을 보면 반드시 상반되게 교대로 나타난 것이 아님을 알 수 있다.[13)] 19세기 후반의 제1차 세계화 기간에는 최혜국(MFN) 대우에 기반을 둔 자유 무역이 기조였으나, 전간기

12) 우선적 무역 협정(PTA)은 회원국 간에 특혜 관세를 부과하는 등으로 비회원국과 차별을 두는 것이며, FTA는 회원국 간의 자유 무역(관세, 비관세 장벽의 완전 철폐)을 보장하고, 관세동맹은 이에 더하여 공동역외관세(CET)를 채택한다. 공동시장(CM)은 상품 교역뿐 아니라 노동, 자본, 서비스와 기업의 자유로운 이동을 허용하는 지역 통합의 최고 단계를 지칭한다.

13) 클라크(Ian Clark 1997)의 용어로 세계화와 파편화(fragmentation)는, 1914년 이전에는 동시에 심화되었다가 제1차 세계 대전 중에는 파편화가, 1920년대에는 세계화가, 1930년대와 제2차 세계 대전기에는 파편화가 우세하였다. 전후 냉전시기에 세계화 쪽으로 기울다가 냉전의 침식과 붕괴 이후 다시 양자가 공존한다고 설명한다.

에는 파괴적인 쌍무적 조정만 남아 무역이 전반적으로 침체하였다.[14] 전후 관세 및 무역에 관한 일반 협정(GATT)의 MFN 조항은 무역 자유화에 큰 도움이 되었으며, 1947년 제네바 회의부터 1986년 우루과이 라운드에 이르기까지 수차례에 걸친 다자간 자유 무역 협상은 자유 무역을 지속적으로 추진하였고 세계 무역량이 대폭 늘었다.[15]

이와 함께 두 차례에 걸친 지역주의의 팽창이 있었는데, 1960년대 초와 1980년 중엽 이후가 그것이다. GATT 제24조는 MFN 규정의 예외 조치로 관세동맹과 FTA를 허용하고 있다. 이를 이용하여 유럽공동시장(ECM)의 자극을 받은 지역주의가 아프리카, 라틴아메리카, 또 다른 지역의 저개발국에 풍미하였다. 이들은 주로 수입대체 공업화를 목표로 하고 있었으나 그 효과는 미미하였다. 이때에는 헤게모니를 쥐고 있던 미국이 다자주의(mutilateralism)의 열렬한 지지자였다. 1980년대 중엽 이후의 지역주의 추세에는 미국이 주요 선봉이 되었다. 미국은 1989년 캐나다와 FTA를 체결하고 이어 멕시코를 영입하여 1994년 NAFTA를 설립하였으며, 라틴아메리카와 전미주 자유 무역 지역 협상을 추진하고 있다. EU도 지속적으로 회원국을 확

14) 역설적으로 19세기 후반 자유 무역은 1860년 영국과 프랑스의 쌍무적 조약으로 시작하였고 1920년대에는 다자간 협상으로 무역을 증대시키려는 노력이 별 효과를 보지 못하였다. 그러나 영불조약은 MFN에 입각한 쌍무적 협정이므로 진보적 성격을 띤 것으로 보아야 할 것이다(progressive bilateralism).

15) GATT/WTO의 무역 자유화 효과를 의심하는 연구들도 있으나 Subramanian and Wei(2003)는 비대칭적이기는 하지만 GATT의 역할이 매우 컸음을 밝히고 있다. 이 효과는 선진 공업국들에, 또 우루과이 라운드 이후 가입한 저개발국에 컸으며 식품, 의류, 신발류 부문에는 작았다.

대하면서 단일 통화(euro)를 도입하였다. 이러는 중에 다른 지역에서도 방어적 블록을 형성하는 형태로 지역주의가 부흥한 것이다.

미국의 태도가 다자주의에서 지역주의로 선회한 것은 당시 GATT 협상이 예전보다 지지부진하였던 데 기인한다. 크루그먼(Krugman 1993)은 GATT의 한계점으로 네 가지를 들고 있다. 즉, (1) 회원국이 많아져서 협상이 더 힘들고 무임승차자(free-rider) 문제가 심각해졌다. (2) 보호의 형태가 관세나 수량 할당에서 자발적 수출 제한(VER), 덤핑 방지(AD), 기타 행정 조치로 다양해짐에 따라 협상 공간이 복잡해졌다. (3) 미국의 세력이 상대적으로 약화되어 체제를 선도하기 힘들게 되었다. (4) 주요국 간의 제도적인 차이로 협상이 더 어려워졌다. 예를 들어 일본의 경우 '비공식적 이해와 카르텔'이 시장을 지배하고 있어 '자유시장'에 입각한 미국과는 관세 인하 약속이 갖는 의미가 다를 수밖에 없었다.[16]

이와 같이 세계 경제가 지역주의에 의한 지역 통합으로 나아가는 것이 세계적 후생 수준에 갖는 의미는 무엇일까. 정태적으로 볼 때 지역 통합은 무역 창출(trade creation) 효과가 있는 만큼 후생 증가를 가져오지만, 역외에서 더 작은 비용으로 생산하여 수입할 수 있는 상품을 고비용의 회원국에서 수입하게 되면, 즉 무역 전환(trade diversion) 효과가 있는 경우 비효율과 후생 감소를 초래한다. 여러 지역 통합 블록이 동시에 설립될 때 상호작용과 전략적 행위, 그리고

16) 일본의 경우 수입 상품 유통 구조에 특이한 면이 있으므로 한일 FTA 추진 시에도 고려할 것이 요망된다. 이승훈 외(1990) 참조.

동태적 시간 과정 효과 등을 고려할 필요가 있다. 지역화된 세계 경제에서는 협상 당사자의 수가 줄어들어 협상이 쉬워지고 무임승차 문제도 잘 해결하게 되어 완전한 세계적 자유 무역의 달성이 빨라지고 확실해질 가능성이 있다. 그러나 대규모 블록은 시장 지배력을 수반하므로 내부 지향적이고 높은 관세를 유지할 경향이 있으며 역외 국가에 블록을 개방할 필요 또한 줄어들 것이다. 문제는 지역주의를 MFN과 연결시키고 개방적으로 만들도록 게임의 법칙을 수정해 나아가는 데 있다. 이것은 다음 장에서 세계화의 관리(governance)라는 개념으로 살펴보고자 한다.

〈표 6-1〉은 60년대 이후 역내 수출이 총수출의 4% 이상인 지역 통합들의 성과를 보여 주고 있다. 선진 공업국 간 지역 통합의 경우 역내 수출의 비중도 늘어나고 세계 전체에서 차지하는 총수출의 비중도 늘어났다. 저개발국 간 지역 통합의 경우에는 무역 증대 추세가 뚜렷하지 않다. 또한 1980년대 중엽 이후에는 재화 용역이나 생산 요소의 이동을 넘어선 제도적 수준의 조화, 예를 들어 공동입법이나 노동, 환경 등의 표준 설정에서 조정이 이루어지고 있다. 선진 공업국과 저개발국 간의 지역 통합은 주로 선진국의 정치적 이득과 저개발국이 VER, AD 같은 차별에서 벗어나려는 유인이 맞물려 시도되고 있는데 후생 수준의 효과는 모호하다. 작은 나라일수록 아직 불확실한 세계적 무역 체계에 일방적으로 개방하는 것보다 선진국 간, 또는 선후진국 사이의 지역 통합에 참여하는 방안이 조심스럽게 권장되고 있다(De Melo and Panagariya 1993: 20-21). 일정한 조건 하

〈표 6-1〉 지역 통합별 무역 분포: 역내 수출과 세계 수출

	설립	1960	1970	1975	1980	1985	1990	2000
ANZCERTA	1983	5.7 (2.4)	6.1 (2.1)	6.2 (1.7)	6.4 (1.4)	7.0 (1.6)	7.6 (1.5)	4.8 (0.4)
EC	1957	34.5 (24.9)	51.0 (39.0)	50.0 (35.9)	54.0 (34.9)	54.4 (35.6)	60.4 (41.4)	66.0 (35.8)
EFTA	1960	21.1 (14.9)	28.0 (14.9)	35.2 (6.3)	32.6 (6.1)	31.2 (6.3)	28.2 (6.8)	0.6* (2.2)
Canada-US FTA	1989	26.5 (21.9)	32.8 (20.5)	30.6 (16.8)	26.5 (15.1)	38.0 (16.7)	34.0 (15.8)	39.7 (16.4)
ASEAN	1967	4.4 (2.6)	20.7 (2.1)	15.9 (2.6)	16.9 (3.7)	18.4 (3.9)	18.6 (4.3)	23.9 (6.7)
ANDEAN PACT	1969	0.7 (2.9)	2.0 (1.6)	3.7 (1.6)	3.8 (1.6)	3.4 (1.2)	4.6 (0.9)	8.4 (1.0)
CACM	1961	7.0 (0.4)	25.7 (0.4)	23.3 (0.3)	24.1 (0.2)	14.7 (0.2)	14.8 (0.1)	10.9 (0.2)
LAFTA/LAIA	1960 /80	7.9 (6.0)	9.9 (4.4)	13.6 (3.5)	13.7 (4.2)	8.3 (4.7)	10.6 (3.4)	12.9 (5.2)
ECOWAS	1975	n.a. n.a.	3.0 (1.0)	4.2 (1.4)	3.5 (1.7)	5.3 (1.1)	6.0 (0.6)	9.6 (0.5)
PTA/COMESA	1987 /94	n.a n.a	8.4 (1.1)	9.4 (0.5)	8.9 (0.4)	7.0 (0.3)	8.5 (0.2)	4.8** (0.4)

주: 역내 무역(IR)은 지역의 총수출에서 차지하는 역내 수출의 비중(%). ANZCERTA: Australia - New Zealand Closer Economic Relations Trade Agreement; EC: European Community; EFTA: European Free-Trade Area; ASEAN: Association of South East Asian Nationa; CACM: Central American Common Market; LAFTA/LAIA: Latin American Integration Association; ECOWAS: Economies Community of West African States; PTA/COMESA: Commom Market for Eastern and Southern Africa. 괄호 안은 세계 수출 총액에서 차지하는 지역의 총수출.

* 1990년대에 가입국들이 대거 탈퇴하고, 2000년에는 아이슬란드, 리히텐슈타인, 노르웨이, 스위스만 남았음.

** Eritrea, Namibia, Swaziland 제외(통계 없음).

자료: De Melo and Panagariya(1993: 13); IMF, Direction of Trade(2002).

에서, 지역 통합에 참여한 작은 나라는 불참하는 비슷한 나라에 비해 큰 시장에 손쉽게 접근할 수 있으므로 FDI를 유치하는 데 약간 유리함을 보일 수 있다. 또한 기업 구조조정 같은 정책 개혁을 촉진하기도 한다. 이런 의미에서라면 지역 통합 참여국들은 다자간 무역 체계의 이점을 확산하는 데 도움을 주며, 따라서 다자주의 유지를 방해하기보다는 강화한다는 것이다(Either 1998).

그러나 정의상 지역 통합은 적어도 어느 정도는 외부 국가에 차별적이다. 비교우위와 특화의 원리에 기반을 둔 세계화된 경제만이 더욱 우월한 경제적 이득을 가져올 것이다. 그러므로 1980년대 미국의 지역주의 선회는 큰 실수였다고 주장하는 학자들이 많다.[17] 이들의 논지는 매우 강력하다. 1980년대 중반 이후 지역 통합(PTA, FTA, CU, CM)의 만발[18]은 같은 품목에도 원산지에 따라 관세를 차등 부과하는 경우 소위 '스파게티 접시 효과'(spaghetti bowl effect)를 가져왔다(Bhagwati and Panagariya 1996: 53-54). 나라에 따라 우선적 무역 특혜를 제공함에서 세계화가 진행됨의 결과(아웃소싱 등)로 생산지를 알아내기 힘든 경우 행정적 재분류 작업에 의존하였다. 그 결과 무역의 흐름을 왜곡하고 부패를 초래하는 등 혼돈을 초래할 만큼의 거래 비용이 발생하였다. 지역 통합은 이와 같은 현실을 무시하는 움직

17) 정책 당국자들이 '자유 무역'과 '자유무역협정'을 혼동하여 지역주의를 옹호하는 경우가 비일비재하다고까지 언급된다. 심지어 경쟁적 FTA는 어린 아이들의 닌텐도 게임과 같다고 묘사되었다(Bhagwati and Panagariya 1996: 52-53).

18) 20세기 말엽 통계는 약 180개의 지역 협정을 보고하고 있다. WTO 회원국의 대부분이 하나 이상의 공식적 지역무역협정에 관여하였다. 대표적인 예외로 일본, 홍콩, 한국을 들 수 있다(Gilpin 2001: 342). 2022년 1월 현재 발효 중인 지역무역협정 수는 355개이다(http://www.wto.org/english/tratop_e/ region_e/regfac_e.htm).

임이며 비차별 원리(MFN)의 준수가 가장 바람직하다는 것이다. 지역주의는 진실된 공동시장(CM)을 지향하는 경우이거나, GATT/WTO 주최의 다자간 무역 협상이 불가능한 경우에만 정당화될 수 있으며 그렇지 않을 경우 지역 통합 물결을 막아야 하고 이도 안되면 차별에 의한 피해를 최소화하는 노력이 필요하다. 특히 헤게모니국과의 지역 통합은 비효율적이고 비형평적이다.[19] 생산지별 무역 특혜는 VER, AD 등을 통해 보호 장벽을 더 높이는 결과를 가져왔다. 다자간 협상을 위한 자원을 지역 통합 쪽으로 유출시켰다. 중첩되는 FTA 간에 비효율이 누적되었다.

그러면 어떻게 하라는 것인가. 이들의 주장은 무조건 다자간 협상을 통해 세계적 자유 무역에 도달하자는 것이나, 앞에서 보았듯이 세계화는 소득을 재분배하고 금융 불안을 야기하므로 최고의 선은 아니다. 그러나 처칠(Winston Churchill)이 "민주주의는 여태까지 시도해 본 모든 다른 것을 제외한다면 가장 나쁜 형태의 정치이다"라고 한 이야기를 흉내 낸다면 "친시장, 친세계화적 접근은 여태까지 시도해 본 모든 다른 것을 제외한다면 가장 나쁜 경제정책이다"(Fischer 2003: 26-27). 또한 선진국들의 농산물, 직물 부문의 보호 장벽과 보조금 지급 또한 VER, AD 등을 감안한다면, 세계화의 비대칭성에 노출된 저개발국들은 세계화로 인해 피해를 입은 국민들에 대한 보상에

19) 이에 해당하는 것으로 NAFTA의 남미 또는 해외로 확장, EU의 여타 국가와 FTA 체결, APEC의 FTA화, TAFTA 추진 등이 있다(ibid.: 54). 또한 바퀴통-바퀴살(hub and spokes) 관계도 비효율과 spoke 쪽의 상대적 손실을 가져오므로 곤란하다(ibid.: 87 ff). 지역주의에 비교적 호의를 보이는 학자들도 지역 통합이 다자간 세계화와 동시에 진행되는 경우를 상정하고 있다(Frankel 1998).

신경을 쓰면서 신중히 대처해야 할 것이다. 나아가 세계적 자유 무역으로 바로 이행하기 힘들다면 임시적 방편으로서 지역주의를 택하는 것이 차선책일 수 있다. 지역 통합 움직임에서 제외될 경우 더욱 차별을 받고 뒤떨어지게 될 것이다. 지역 통합을 추진할 경우 "개방적" FTA가 바람직하다는 데에는 다수가 동의하는 듯 보인다. 지역주의를 다자간 협상에 의한 세계화로 연결시키는 방법에 대해서는 다음 장에서 고찰하기로 하자. 그러나 이 장에서 다룬 지역 통합에도, 특히 공동시장의 경우라면, 제1장부터 제5장까지 살펴본 세계화에 관한 논의가 거의 똑같이 적용된다는 사실을 염두에 두어야 할 것이다. 시장 통합의 효과에 대해 다시 생각하라는 뜻이다.

제7장

세계화의 관리

지역 통합 움직임을 통제하고 관리할 체제(regime)를 고안하는 것이 지역화된 국제 경제의 개방성과 안정을 유지하는 데 기여할 수 있다. 또한 체제의 규칙을 집행하는 '거버넌스'(governance), 즉 "집단의 단체행동을 공식적으로 또 비공식적으로 지도하고 제한하는 과정과 제도"(Nye and Donahue 2000: 12)가 중요하다. 세계 경제가 완전히 세계화되었다고 하더라도 거버넌스는 계속 어려운 문제로 남는다. 세계 정부는 실현 가능성이 없고 자유 방임은 세계화의 후퇴로 귀결될 것이다.[20] 결국 각국의 정부, 국제기구 등 공적 기관과 다국적 기업, 초국적 NGO 등이 각종 법률, 규범, 시장, 계획을 동원하여 거버넌스를 담당하려고 노력하고 있다.

WTO를 개혁하여 궁극적 세계 자유 무역을 위한 더욱 효과적인 규칙을 설정하자는 논의가 광범위하게 진행 중이다. 현재 발효 중인 GATT 제24조, 즉 MFN 원칙의 예외 규정으로서 관세동맹과 FTA를 허용한 조항은, 지역적 무역 협정의 차별 행동으로부터 비참여국 일반을 보호하기 위한 조치를 거의 못하고 있다. 지역 협정이 180개가 넘는 상황에서 GATT의 요구 조건을 만족시켰다고 공식적으로 인정된 것은 5개 정도밖에 되지 않았다.[21] GATT 제24조에서 FTA

20) '세계화된 경제'라는 공공재를 공급하는 과정에서 시장 실패가 발생한다. 특히 무임승차자 문제가 심각해질 것이다.

21) GATT 제24조는 관세동맹과 FTA의 형성을 허용하되 다음과 같은 조건을 요구하고 있다. 즉, 관세동맹의 경우 공동 역외 관세와 기타 교역 장벽이 관세동맹 이전에 통용되었던 수준보다 더 제한적이어서는 안되며, FTA의 경우 개별 역외 관세와 기타 교역 규제가 FTA 이전에 …. 또한 관세동맹이나 FTA는 형성 계획과 시간 계획을 협정에 포함할 경우 단계별로 시행할 수 있다는 언급도 하고 있다. 문제는 이 조건이 제대로 집행되지 못하였으며, 규정 자체에도 이를 피해 갈 수 있는 허점이 내포되어 있다는 것이다. Finger(1993) 참조.

관련 조항 중 허가 조건으로 협정국 간에 '실질적으로 모든'(substantially all) 품목의 교역에서 자유 무역을 보장하되 '과도 기간'을 둘 수 있게 하여 그 범위와 속도를 매우 모호하게 규정하였다는 것이다. 또한 역외 관세 및 기타 장벽의 수준을 협정 이전보다 높일 수 없다는 조건은 상대국마다 다를 것이어서 '평균적'으로 적용하기도 곤란하고 위반 여부를 따지기도 힘들어 집행하기에 어려움이 따른다. 이를 해결하기 위해 제24조에 공동 역외 관세를 도입하는 관세동맹만을 허용하고 FTA는 제외하자는 주장이 있다. 또한 행정적 보호조치를 규정하고 있는 제6조(AD)와 제19조(VER)도 개정해야 한다는 목소리가 높다. 제19조는 폐기하고 제6조의 안티 덤핑 부과금의 발동 조건을 더욱 엄격하게 고쳐야 한다는 것이다(Bhagwati 1993: 25-27, 35-37). 이밖에 추가적 권고사항으로 다음과 같은 것들이 제기되고 있다. (1) 동반적 자유화: 역내 관세 인하와 비례하여 역외 관세 인하. 한 가지 방법은 지역 통합 참가국 중 통합 이전의 가장 낮은 관세율을 통합 후 공동관세로 정하는 것이다. (2) 단일 소속: 각국에 하나의 우선적 무역 협정에만 참여하도록 하고 중복 협정을 허용하지 않음으로써 복잡하고 상호 이율배반적이며 정치적 요소가 개입된 지역주의 네트워크의 등장을 예방한다. (3) 개방성: 새로운 참여자가 기존의 규칙 이외의 부가적 조건을 받아들이도록 강요하지 못한다. (4) 규칙 개정에서 차별 금지: MFN 원리의 원용. (5) 상호 책임: 협정 초기 GATT 제24조 허가 이후 지속적으로 상호 감시(Cable and Henderson 1994: 14-15).

그러나 거의 모든 나라가 지금 하나 이상의 FTA의 회원이므로 GATT 제24조를 개정하는 일은 쉽지 않을 것이다. 또한 선진국들이 주로 사용하는 VER, AD 등의 규정도 고치기 힘들 것으로 보인다. 기타 권고사항들도 마찬가지이다. 다자간 협상을 통한 자유 무역 세계 경제를 이루기 위해 선진국 간의 협력, 그리고 미국의 지도력이 중요하다는 결론을 내릴 수밖에 없다. 이와 관련하여 헤게몬이 있어야 자유주의적 국제 경제가 안정된다는 가설(Hegemonic Stability Theory)을 살펴볼 필요가 있다. 성공적인 다자주의는 단일 권력에 의한 예외적인 경제적 지배와 역사적으로 시기가 일치한다는 단순한 관찰(19세기 후반 영국, 20세기 후반 미국)에서 출발한 이 가설은 이론적 뒷받침이 불충분하다고 비판을 많이 받고 있다. 그러나 헤게몬(미국)의 힘이 약해졌을 때 쌍무적 협정이 만발한 사실과도 관련이 있어 보인다. 이론적인 지지도 차츰 축적되었으며, 무역, 통화, 기타 분야의 국제 협력은 강력한 리더십이 없을 때 매우 힘들다는 경험을 설명하고 있다. 단순한 카르텔 이론에 따르면 회원이 많으면 지배적 기업(dominant firm)이 협약을 준수하는지 감시하고 집행할 때만 카르텔이 안정적일 수 있으며, 그렇지 않으면 인접한 두 개 기업의 복점(duopoly)이 가장 유지 가능성이 크다. 이는 세계 경제의 다극화 현상이 쌍무적 지역주의를 자극하였다는 설명을 제공한다. 또한 자유 무역을 국제적 공공재로 간주한다면, 그 공공재의 공급을 원하는 강력한 국가의 압력이 없을 경우 다른 나라로서는 일방적으로 무역 장벽을 낮출 유인이 없을 것이다. 같은 논리로 헤게몬의 세계 경제상 중요성이 줄어들면 보호주의 사상이 부흥하고 해외 원조도 줄이게 되며 지역주의가 득세하게 된다(Gilpin 2001: 95-97).[22)]

22) 자유주의적 국제경제가 유지되기 위해서 지배적 경제 권력에 의한 정치적 리더십이 필요하다는 논리를 최초로 본격적으로 정립한 학자는 킨들버거(Kindleberger 1973)이다. 그에 의하면 정상 시에 헤게몬은 빈국으로의 자본 이동을 유지하고 주요 통화 간의 환율을 안정시키며 선진국 간 거시 경제 정책을 조정하는 역할을 맡는다. 위기 시에는 품귀된 재화를 공급하고 특히 국제 금융 위기에는 '최종 대부자'(lender of last resort)로 기능을 발휘해야 한다. 1930년대에 헤게몬이 부재하였기 때문에 국제 경제가 심연으로 추락하였다는 그의 설명은 아직 논란의 대상이 되고 있지만, 헤게모니 이론은 후학들에게 많은 시사점을 주었고 여러 형태의 확대 해석과 비판이 아직도 진행 중이다(Gilpin 2001: 97-102).

제8장

정책 시사점

경제학적으로 세계화란 재화 및 용역과 생산 요소, 즉 노동과 자본의 시장이 더욱 밀접하게 국제적으로 통합되는 과정으로 정의된다. 세계화라는 용어의 사용은 비교적 최근의 일이지만 시장 통합의 역사는 약 150년 전까지 거슬러 올라간다. 세계화를 역사적으로 조망하여, 즉 세계화의 제2차 물결(20세기 후반 이후)을 제1차 물결(19세기 후반에서 제1차 세계 대전까지)과 비교하여 다음과 같은 특징을 밝혀내었다. (1) 교통·통신의 발달과 무역 장벽의 완화로 상품 시장의 통합이 더욱 심화되었다. 이와 함께 '수직적 특화'에 따른 산업 내 교역이 신장하였다. (2) 국제 자본 이동은 포트폴리오 형태로 SOC나 정부 부문으로 흘러들던 것이 차츰 직접 투자의 형태로, 그리고 금융, 유통 등 서비스와 제조업 부문으로 방향을 바꾸었다. 금융 제도의 발달에 따라 자본 시장 통합의 가속에도 불구하고 통화 위기의 빈발 위험은 줄어들었고 그 위기의 강도는 회복 속도로 볼 때 낮아졌다. 그러나 소규모 개방 경제의 경우 비대칭적으로 불안정성이 커졌다. (3) 대량 이민이 줄었다. 노동 시장 통합이 덜하다 해도 요소 가격 균등화의 움직임은 지속된다. 미숙련 노동 절약적 기술 진보가 이를 더욱 심화시킨다. (4) 국가 간 불평등이 커졌지만 세계화가 그 원인은 아니다. 국가 내 불평등에 미친 영향은 불확실하다. (5) 불평등도를 따지지 않아도 세계화의 피해자가 있기 마련이고 따라서 반세계화 운동 세력이 세계화를 중지 또는 후퇴시킬지도 모르나, 각종 제도 및 정책이 성숙하였기 때문에 세계화는 계속될 것으로 보인다. (6) 지역주의 움직임이 다자간 협상과 경합하고 있다. 불비례적 효과가 다소 우려된다. (7) 세계화를 조율하는 거버넌스가 문제이며 WTO 체제 개선방안들이 무성하다.

반세계화 세력의 확산이 세계 경제를 20세기 전반부에서 경험하였던 세계화 후퇴로 몰아갈 가능성을 배제하지는 않지만 시장 통합의 추세는 당분간 지속될 것으로 보인다. 문제는 세계화를 안정적으로 선도하고 조율할 거버넌스의 성공 여부에 있다고 할 것이다. 가속적으로 확산되는 지역 통합의 움직임이 진실된 다자간 세계화로 나아가는 지름길이라고 판단되지는 않는다. 따라서 한국의 입장에서는 세계화에 직접 동참하는 일이나 지역주의를 통해 차선책을 택하는 쪽을 막론하고 신중을 기할 것이 요구된다. 신자유주의적 '워싱턴 합의'(Washington consensus)[23]를 따르는 일이나 전염병적으로 번지는 지역주의적 무역 협정의 경주에도 뚜렷한 입장을 가지고 대처할 필요가 있을 것이다.

동아시아는 미주나 유럽보다 훨씬 외부지향적이고 다자주의에 입각한 개방을 추진해 왔다. 따라서 지역 통합에서 얻을 이득은 상대적으로 작을 것이다(Barrell and Choy 2003). 그러나 반대 방향으로 작용하는 요인도 적지 않다. 우선 더욱 자유로운 무역은 이미 장벽을 낮춘 나라들에게 상대적으로 이로운데 이는 교역 조건 호전 효과가 크고 관세 수입 손실이 작다는 점에 기인한다(Frankel 2000: 60). 동아

23) 미국 정부와 IMF, 세계은행의 지지를 받는 10개 항의 지침으로, 균형 재정, 교육 및 보건 관련 지출 우선, 세제 개혁(세원 확보와 세율 인하), 안정적이고 낮은 이자율, 경쟁적 환율, 수입 개방, FDI 개방, 공기업 민영화, 규제 완화, 재산권 보호 등을 가리킨다.

시아 쪽은 무역량이 많은 반면 지역적 특색이 없고 오히려 무역 대상은 세계적이었으며 GATT 원리를 존중하는 방향이었다. 지역 통합을 주도하지도 않았다. 지역 내 편향도 발견되지 않으며 비공식적 우선 무역 협정 같은 것도 없었다. 이러한 사실은 지역 통합에서 무역 창출 효과가 더 클 것이라는 의미를 가진다. 또한 다른 지역의 무역 블록이 동아시아의 후생을 감소시킬 우려가 있으므로, 집단적 보복 행위를 견제할 수 있다면 GATT 제24조에 입각한 무역 블록 형성으로 동아시아가 이득을 취할 수 있다는 뜻이다(Saxonhouse 1993: 410-412).

장기적인 대의를 위해 목표를 멀리 잡는 것이 중요하다. 세계화가 주춤하고 지역주의가 대세가 된다면 이에 따를 수밖에 없지만 단기적 이득과 장기적 세계 후생을 저울질해야 한다. 당면한 여러 FTA 현안에 대처할 때 정책 당국이 개방적인 견해에 귀를 기울일 것을 기대한다.[24] MFN 원리에 기반을 둔 '개방적' 지역주의를 동아시아에 뿌리내리는 데 일본이 주축이 되어야 한다는 주장에도 주의를 기울여야 할 것이다(Cable and Henderson 1994: 104-106).

24) APEC의 FTA화는 1994년 보고르 선언에서 2020년까지 실현할 것을 명시하였지만 저개발국은 2020년, 선진 공업국은 2010년까지로 차별적 시간 계획을 채택하였다. 그러나 미국이 이미 WTO에 가입한 중국에 대해 10년 동안이나 특혜를 주는 '선언'을 구체적으로 추진할 리가 만무하다. 이 당시 '개방적' 지방주의의 의미를 두고 논란이 있었다. 한국과 일본은 APEC 비회원국에 대한 MFN 원리를 염두에 두었고 미국, 호주, 뉴질랜드는 상호주의에 입각해야 한다고 주장하였다. 그때의 입장이 관철되어야 할 것이다(Bhagwati and Panagariya 1996: 151).

보론

지역주의의 후생 효과

지역무역협정 또는 지역 통합의 움직임이 참여국 각각과 비참여국, 그리고 전 세계의 후생에 어떤 결과를 가져오는가. 이는 이론적으로 정태적 균형 분석과 동태적 시간 경로 문제로 나누어 볼 수 있으며, 이 결과가 가정 및 조건에 따라 불분명하게 나오는 경우 경험적인 연구에 의해 결론을 내릴 수밖에 없다.

I 정태적 후생 분석

우선적 무역 협정 특히 관세동맹의 후생 분석이 바이너(Jacob Viner)에 의해 비롯되었음은 주지의 사실이다. 분석을 단순화하기 위하여 세계에 생산비가 높은 순서로 A, B, C 세 나라가 있다고 하고 초기 상태에는 일정한 관세가 부과되고 있다고 생각하면 A가 C국으로부터 수입을 하고 있을 것이다. 이때 A와 C가 관세동맹을 체결하면 무역 장벽이 낮아진 만큼 무역이 확대되는 무역 창출(trade creation) 효과가 있어 세계적으로 후생이 증가할 것이다. 그러나 A와 B가 관세동맹을 맺으면 무역 창출 효과가 함께 생산비가 낮은 C에서 생산비가 상대적으로 높은 B로 수입원이 바뀌는 무역 전환(trade diversion) 효과가 있게 되어 두 효과의 크기에 따라 후생 증가 여부가 결정된다.

이제 약간 더 현실적인 상황을 설정하여 B의 공급 곡선이 우상향하는 경우를 생각하자.[25] 〈보론 그림 1〉이 이 경우를 나타내고 있

25) 이 모형도 지나치게 단순하지만 이 글에서 논의하는 수준에서는 충분히 현실적이다.

〈보론 그림 1〉 B국의 공급 곡선이 우상향일 때 관세동맹의 효과

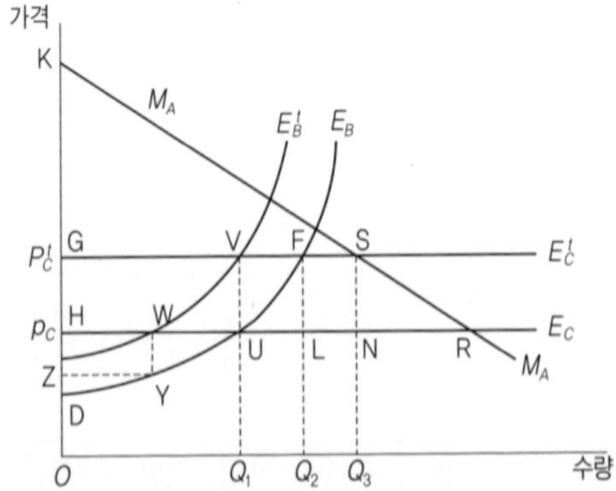

자료: Bhagwati and Panagariya(1996a: 14)에서 전재.

으며 여기서 M_A는 A국의 수입 수요 곡선, E_B와 E_C는 B국과 C국의 공급 곡선, E_B^t와 E_C^t는 관세동맹 이전 관세를 감안한 공급 곡선을 나타낸다. 따라서 관세동맹 이전에는 A국이 B국으로부터 OQ_1을 C국으로부터 Q_1Q_3을 수입하게 된다. 이때 A국과 B국이 관세동맹을 체결하면 A국은 B국으로부터 OQ_2를, C국으로부터 Q_2Q_3을 수입하며 A국과 C국이 관세동맹을 체결하면 A국은 B국으로부터 HW를, C국으로부터 WR을 수입하게 된다. 물론 완전한 세계적 자유 무역이 달성되면 A국은 B국으로부터 HU를, C국으로부터 UR을 수입하게 된다. 각각의 경우의 FTA와 세계적 자유 무역하에서 각국 및 전 세계가 얻을 후생 증감을 정리한 것이 〈보론 표 1〉이다.

〈보론 표 1〉 일방적 자유화(자유 무역)와 FTA(A국+B국), FTA(A국+C국)의 후생 수준

국가	무차별 관세 (초기 상태) ①	자유 무역 (FT) ②	FTA (A와 B) ③	FTA (A와 C) ④
A	KGS+GHNS	KGS+GHNS +RSN (A 이득)	KGS+GHNS −GFLH (A 손실)	KGS+GHNS+ RSN+HWYZ (A 이득)
B	HDU	HDU (변화 없음)	HDU+(GFLH− FLH)=GFUH (B 이득)	ZYD=HDU− WYU−HWYZ (B 손실)
C	0	0 (변화 없음)	0 (변화 없음)	0 (변화 없음)
전 세계	KGS+GHNS +HDU	KGS+GHNS +HDU+RSN (세계 이득)	KGS+GHNS +HDU−FLU (세계 손실)	KGS+GHNS+HDU +RSN−WYU (세계는 RSN≷WYU 에 따라 이득 또는 손실)

자료: Bhagwati and Panagariya(1996a: 15 표 1-1); (1996a: 18 표 1-2)를 조합.

세계적 자유 무역(②)보다 FTA, 즉 ③과 ④의 후생 수준이 낮은 것은 당연하다. 그러나 초기 상태(①)에 비해서도 A와 B의 FTA(③)는 명백한 후생 감소, A와 C의 FTA(④)의 후생 변화 방향은 불분명하다. 실제 FTA가 ③과 ④의 중간 정도에 있을 것을 생각하면 순효과는 불분명하지만 이득보다 손실 가능성이 클 것으로 짐작할 수 있다. 그러나 이는 FTA에 따라 다를 것이며 경험적인 검토에 의해 결과를 따져야

할 것이다. 다만 지적해 두고자 하는 것은 전 세계적으로 후생과는 별도로 교역 조건 변화에 따른 관세 수입의 재분배 효과가 있다는 사실이다. 즉, ③의 경우 A국은 손실, B국은 이득이며, ④의 경우 A국에는 이득, B국에는 손실을 초래한다. 더욱이 지대 추구(rent seeking) 행위에 의해 지대가 손실되듯이 관세 수입 재분배의 이득이 비생산적 수입 추구(revenue seeking) 때문에 소진된다면 FTA의 잠재적 이득이 전부 실현된다는 보장이 없다(Bhagwati and Panagariya 1996a: 27-28).

II 동태적 시간 경로 문제

관세동맹이나 FTA의 즉각적 충격 효과가 세계적 후생을 증가시키느냐의 여부를 떠나 지역주의가 세계 경제를 블록화할 것인가, 아니면 지속적인 확장이나 합병 등을 통해 세계적 자유 무역에 도달할 것인가가 중요한 문제이다. 그리고 이러한 지역주의의 동태적 시간 경로가 다자간 무역 협상보다 전 세계적 자유 무역(이것의 호불호와 관계없이)에 이르는 데 더 빠르고 효율적인가도 따져볼 필요가 있다.

〈보론 그림 2〉를 통해 설명한다면 세계 후생의 초기 수준 U^0에서 지역주의는 즉각적으로 후생을 U_r^2로 증진시킬 수도 있으면서 무역 전환 효과 때문에 U_r^1로 감소시킬 수도 있다. 지역주의의 시간 과정은 어느 쪽이든 정체적일 수 있으며(경로 Ⅱ와 Ⅲ) 이는 초기 무역

〈보론 그림 2〉 지역주의와 후생: 정태적 충격과 동태적 시간 경로 문제

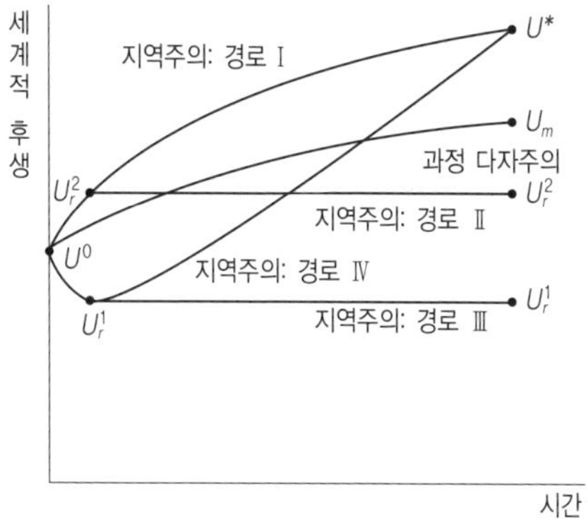

자료: Bhagwati(1993: 32).

블록이 더 이상 확장되지 않은 채 세계 경제를 분할함을 의미한다. 그렇지 않고 이들이 지속적인 확장이나 합병을 통해(경로 I과 IV) 세계적 자유 무역의 극대점 U^*에 이르지 못하고 무임승차자(free-rider) 문제 때문에 U_m에 그칠 수 있다. 또는 이를 극복하고 U^*까지 갈 수도 있다. 여기에서는 시간 경로들이 독립적임을 가정하고 있다. 즉 지역주의 경로를 택하는 것이 과정 다자주의 경로에 영향을 주지 않는다는 것이다. 그러나 제3장에서와 같이 각 경로는 상호 의존적이며 여러 과정이 동시에 진행되어 서로 다른 경로에 변화를 준다. 〈보론 그림 2〉는 지역주의의 시간 경로가 팽창적인가 정체적인가의 형태로 '디딤돌'과 '걸림돌'의 개념을 예시하고 있다.

지역주의가 U^*에 도달하는 속도가 과정으로서의 다자주의 협상보다 빠른가. 역사적으로 보아 제1차 지역주의 물결은 거의 실패하였으며 EC도 매우 느린 속도로 통합하였다. 또한 지역주의가 현실적 선택이라면 다자주의는 이미 사라졌을 텐데 GATT/WTO는 아직도 확장 일로에 있으며 무임승차자 문제도 크지 않은 것 같다. 지역주의가 더욱 확실한가. 즉, 무역 자유화가 불가역적인가. GATT의 관세 인하도 매우 구속력이 있다. 제24조에 불분명한 점이 많지만 LAFTA나 ASEAN처럼 지지부진한 지역 협력도 많다. 미국은 일본 중심의 아시아 블록을 견제하는 파편화 세력으로 작용하고 있다 (Bhagwati 1993: 38-45).

III 경험적 연구 일별

지역주의의 후생 효과에 대한 경험적 연구는 엄청나게 많으나 자료 선택이나 방정식 형태 결정에 따라 결과가 달라진다. 그러나 모델을 어떻게 세우느냐가 가장 중요하며 어느 나라 어느 집단의 후생 수준이 무엇에 비해 높고 낮다는 것인지 질문을 분명히 할 필요가 있다. 이하에서는 주마간산(走馬看山)격으로 지역별 주요 무역 협정들의 후생 성과를 살펴보자.[26]

26) 이 부분은 주로 Pomfret(1997: Chss. 12-16)을 참조하였다.

EC의 경우 관세동맹의 전반적 후생 효과는 미미하였다. 제조업의 경우 이득이 있었으나 농업, 석탄, 철강, 직물 등은 상호 협력으로 손실을 보았을 가능성이 있다. EC의 확대는 신입 회원국에 공동농업정책(CAP), 다자간 섬유 협약(MFA) 등을 강요하여 경제를 왜곡시키고 비회원국들에게 더 큰 피해를 부과하였다. NAFTA의 무역 및 후생 효과도 제한적인 것으로 보인다. 미국의 자동차 산업에나 약간 도움이 되었을 것이다. 개발도상국 간의 무역 특혜는 수혜 집단에 후생 증진을 가져왔다. 전반적으로 지역주의의 후생 효과는 수입품 간 대체 탄력성에 의존한다. 무역 창출에서 수출업자의 이득은 미미하고 경쟁자의 손실은 더욱 얼마 되지 않았다. 무역 전환의 경우 수입 대체업자가 약간의 도움을 얻었고, 무역 협정 불참국과 소비자, 담세자 전반이 손실을 나누어 졌다. CAP나 NAFTA는 세계경제의 순손실을 초래하였고, 일반 특혜 제도(GSP)의 효과는 제한적이었던 것으로 정리된다. 이에 더하여 무역 창출과 무역 전환의 비교 차원에서 시도된 최근의 분석은 지역주의에 대해 더욱 부정적인 시각을 드러내고 있다.[27)]

27) 중력 모형(gravity model)을 근거로 한 경험적 분석에서 Dee and Gali(2003)는 우선적 무역 협정의 무역 전환 효과가 기존 문헌이 의미하는 수준보다 훨씬 크다고 주장하였다. 그들의 연구 결과는 다음과 같다.

특혜 무역 협정의 순무역 창출과 순무역 전환

기존 추계			새 추계	
순무역 창출	불분명	순무역 전환	순무역 창출	순무역 전환
Andean CER AFTA EEC/EU? EFTA?	LAIA MERCOSUR	NAFTA	Andean LAFTA/LAIA 미국-이스라엘 SPARTECA	AFTA EFTA EC/EU MERCOSUR NAFTA CER EU-스위스 칠레-콜롬비아 호주-PNG 칠레-MERCOSUR EU-이집트 EU-폴란드

〈부록〉 GATT/WTO에 통보된 지역무역협정

협정명	발효일	GATT/WTO 통보			서류번호
		통보일	근거 조항	협정 종류	
터키-시리아	2007. 1. 1	2007. 2. 15	GATT 제24조	자유무역협정	WT/REG225
MERCOSUR	2005. 12. 7	2006. 12. 5	GATS 제5조	서비스 협정	S/C/N/388
EFTA-레바논	2007. 1. 1	2006. 12. 22	GATT 제24조	자유무역협정	WT/REG224
범아랍 자유무역지대	1998. 1. 1	2006. 10. 3	GATT 제24조	자유무역협정	WT/REG223
GCC	2003. 1. 1	2006. 10. 3	GATT 제24조	관세동맹	WT/REG222
EC-알제리	2005. 9. 1	2006. 7. 24	GATT 제24조	자유무역협정	WT/REG221
EU 확대(27개국)	2007. 1. 1	2006. 9. 27	GATT 제24조	관세동맹 가입	WT/REG220
미국-바레인	2006. 8. 1	2006. 9. 8	GATS 제5조	서비스 협정	WT/REG219 S/C/N/375
미국-바레인	2006. 8. 1	2006. 9. 8	GATT 제24조	자유무역협정	WT/REG219
코스타리카-멕시코	1995. 1. 1	2006. 7. 17	GATS 제5조	서비스 협정	WT/REG218 S/C/N/374
코스타리카-멕시코	1995. 1. 1	2006. 7. 17	GATT 제24조	자유무역협정	WT/REG218
EFTA-대한민국	2006. 9. 1	2006. 8. 23	GATS 제5조	서비스 협정	WT/REG217 S/C/N/373
EFTA-대한민국	2006. 9. 1	2006. 8. 23	GATT 제24조	자유무역협정	WT/REG217

〈부록〉 GATT/WTO에 통보된 지역무역협정

협정명	발효일	GATT/WTO 통보			서류번호
		통보일	근거 조항	협정 종류	
일본-말레이시아	2006. 7. 13	2006. 7. 12	GATS 第5조	서비스 협정	WT/REG216 S/C/N/371
일본-말레이시아	2006. 7. 13	2006. 7. 12	GATT 제24조	자유무역협정	WT/REG216
요르단-싱가포르	2005. 8. 22	2006. 7. 7	GATS 第5조	서비스 협정	WT/REG215 S/C/N/370
요르단-싱가포르	2005. 8. 22	2006. 7. 7	GATT 제24조	자유무역협정	WT/REG215
과테말라-멕시코	2001. 3. 15	2006. 7. 3	GATS 第5조	서비스 협정	WT/REG214 S/C/N/369
과테말라-멕시코	2001. 3. 15	2006. 7. 3	GATT 제24조	자유무역협정	WT/REG214
온두라스-멕시코	2001. 6. 1	2006. 6. 20	GATS 第5조	서비스 협정	WT/REG213 S/C/N/368/Rev.1
온두라스-멕시코	2001. 6. 1	2006. 6. 10	GATT 제24조	자유무역협정	WT/REG213
엘살바도르-멕시코	2001. 3. 15	2006. 5. 23	GATS 第5조	서비스 협정	WT/REG212 S/C/N/367
엘살바도르-멕시코	2001. 3. 15	2006. 5. 23	GATT 제24조	자유무역협정	WT/REG212
도미니카공화국-중앙아메리카-미국(CAFTA-DR)	2006. 3. 1	2006. 3. 17	GATS 第5조	서비스 협정	WT/REG211 S/C/N/365-366-372
도미니카공화국-중앙아메리카-미국(CAFTA-DR)	2006. 3. 1	2006. 3. 17	GATT 제24조	자유무역협정	WT/REG211

〈부록〉 GATT/WTO에 통보된 지역무역협정

협정명	발효일	GATT/WTO 통보			서류번호
		통보일	근거 조항	협정 종류	
대한민국-싱가포르	2006. 3. 2	2006. 2. 21	GATS 제5조	서비스 협정	WT/REG210 S/C/N/363
대한민국-싱가포르	2006. 3. 2	2006. 2. 21	GATT 제24조	자유무역협정	WT/REG210
터키-모로코	2006. 1. 1	2006. 2. 10	GATT 제24조	자유무역협정	WT/REG209
미국-모로코	2006. 1. 1	2005. 12. 30	GATS 제5조	서비스 협정	WT/REG208 S/C/N/362
미국-모로코	2006. 1. 1	2005. 12. 30	GATT 제24조	자유무역협정	WT/REG208
태국-뉴질랜드	2005. 7. 1	2005. 12. 1	GATS 제5조	서비스 협정	WT/REG207 S/C/N/361
태국-뉴질랜드	2005. 7. 1	2005. 12. 1	GATT 제24조	자유무역협정	WT/REG207
멕시코-니카라과	1998. 7. 1	2005. 10. 26	GATS 제5조	서비스 협정	WT/REG206 S/C/N/359
멕시코-니카라과	1998. 7. 1	2005. 10. 17	GATT 제24조	자유무역협정	WT/REG206
EC-칠레	2005. 3. 1	2005. 10. 28	GATS 제5조	서비스 협정	WT/REG164 S/C/N/360
크로아티아-세르비아 몬테네그로	2004. 7. 1	2005. 9. 20	GATT 제24조	자유무역협정	WT/REG205
터키-팔레스타인	2005. 6. 1	2005. 9. 1	GATT 제24조	자유무역협정	WT/REG204
터키-튀니지	2005. 7. 1	2005. 9. 1	GATT 제24조	자유무역협정	WT/REG203

〈부록〉 GATT/WTO에 통보된 지역무역협정

협정명	발효일	GATT/WTO 통보			서류번호
		통보일	근거 조항	협정 종류	
ECOWAS	1993	2005. 7. 6	권능 조항	특혜 협정	WT/COMTD/N/21 WT/COMTD/54
EFTA-튀니지	2005. 6. 1	2005. 6. 3	GATT 제24조	자유무역협정	WT/REG201
마케도니아-보스니아 헤르체고비나	2002. 7. 15	2005. 2. 24	GATT 제24조	자유무역협정	WT/REG200
일본-멕시코	2005. 4. 1	2005. 3. 31	GATT 제24조	자유무역협정	WT/REG198
일본-멕시코	2005. 4. 1	2005. 3. 31	GATS 제5조	서비스 협정	WT/REG198 S/C/N/328
파나마-엘살바도르	2003. 4. 11	2005. 2. 24	GATS 제5조	서비스 협정	WT/REG196 S/C/N/325
크로아티아-마케도니아	1997. 10. 30	2005. 3. 23	GATT 제24조	자유무역협정	WT/REG197
파나마-엘살바도르	2003. 4. 11	2005. 2. 24	GATT 제24조	자유무역협정	WT/REG196
몰도바-세르비아 몬테네그로	2004. 9. 1	2005. 1. 14	GATT 제24조	자유무역협정	WT/REG190
몰도바-크로아티아	2004. 10. 1	2005. 1. 14	GATT 제24조	자유무역협정	WT/REG189
몰도바-마케도니아	2004. 12. 1	2005. 1. 14	GATT 제24조	자유무역협정	WT/REG188
몰도바-보스니아 헤르체고비나	2004. 5. 1	2005. 1. 14	GATT 제24조	자유무역협정	WT/REG187
태국-호주	2005. 1. 1	2004. 12. 27	GATT 제24조	자유무역협정	WT/REG185

〈부록〉 GATT/WTO에 통보된 지역무역협정

협정명	발효일	GATT/WTO 통보			서류번호
		통보일	근거 조항	협정 종류	
태국-호주	2005. 1. 1	2004. 12. 27	GATS 제5조	서비스 협정	WT/REG185 S/C/N/311
미국-호주	2005. 1. 1	2004. 12. 22	GATT 제24조	자유무역협정	WT/REG184
미국-호주	2005. 1. 1	2004. 12. 22	GATS 제5조	서비스 협정	WT/REG184 S/C/N/310
ASEAN-중국	2003. 7. 1	2004. 11. 24	권능 조항	특혜 협정	WT/COMTD/N/20 WT/COMTD/51
알바니아-몰도바	2004. 11. 1	2004. 12. 17	GATT 제24조	자유무역협정	WT/REG183
알바니아-마케도니아	2004. 7. 1	2004. 12. 9	GATT 제24조	자유무역협정	WT/REG182
알바니아-보스니아 헤르체고비나	2004. 12. 1	2004. 12. 9	GATT 제24조	자유무역협정	WT/REG181
EFTA-칠레	2004. 12. 1	2004. 12. 3	GATT 제24조	자유무역협정	WT/REG179
EFTA-칠레	2004. 12. 1	2004. 12. 3	GATS 제5조	서비스 협정	WT/REG179 S/C/N/309
알바니아-세르비아 몬테네그로	2004. 9. 1	2004. 10. 8	GATT 제24조	자유무역협정	WT/REG178
EC-이집트	2004. 6. 1	2004. 9. 3	GATT 제24조	자유무역협정	WT/REG177
SADC	2000. 9. 1	2004. 8. 2	GATT 제24조	자유무역협정	WT/REG176
중국 방콕 협정 가입	2002. 1. 1	2004. 4. 30	권능 조항	특혜 협정 가입	WT/COMTD/N/19

〈부록〉 GATT/WTO에 통보된 지역무역협정

협정명	발효일	GATT/WTO 통보			서류번호
		통보일	근거 조항	협정 종류	
아르메니아-투르크메니스탄	1996. 7. 7	2004. 6. 17	GATT 제24조	자유무역협정	WT/REG175
아르메니아-러시아	1993. 3. 25	2004. 6. 17	GATT 제24조	자유무역협정	WT/REG174
아르메니아-몰도바	1995. 12. 21	2004. 6. 17	GATT 제24조	자유무역협정	WT/REG173
아르메니아-카자흐스탄	2001. 12. 25	2004. 6. 17	GATT 제24조	자유무역협정	WT/REG172
아르메니아-우크라이나	1996. 12. 18	2004. 6. 17	GATT 제24조	자유무역협정	WT/REG171
EU 확대(25개국)	2004. 5. 1	2004. 4. 26	GATT 제24조	관세동맹 가입	WT/REG170
EU 확대(25개국)	2004. 5. 1	2004. 4. 26	GATS 제5조	서비스 협정 가입	WT/REG170 S/C/N/303
대한민국-칠레	2004. 4. 1	2004. 4. 8	GATT 제24조	자유무역협정	WT/REG169
대한민국-칠레	2004. 4. 1	2004. 4. 8	GATS 제5조	서비스 협정	WT/REG169 S/C/N/302
알바니아-UNMK(코소보)	2003. 10. 1	2004. 4. 6	GATT 제24조	자유무역협정	WT/REG168
크로아티아-알바니아	2003. 6. 1	2004. 3. 8	GATT 제24조	자유무역협정	WT/REG166
크로아티아 CEFTA 가입	2003. 3. 1	2004. 2. 23	GATT 제24조	자유무역협정 가입	WT/REG11
칠레-엘살바도르	2002. 6. 1	2004. 1. 29	GATT 제24조	자유무역협정	WT/REG165

〈부록〉 GATT/WTO에 통보된 지역무역협정

협정명	발효일	GATT/WTO 통보			서류번호
		통보일	근거 조항	협정 종류	
칠레-엘살바도르	2002. 6. 1	2004. 2. 5	GATS 제5조	서비스 협정	WT/REG165 S/C/N/299
EC-칠레	2003. 2. 1	2004. 2. 3	GATT 제24조	자유무역협정	WT/REG164
중국-마카오	2004. 1. 1	2003. 12. 27	GATT 제24조	자유무역협정	WT/REG163
중국-마카오	2004. 1. 1	2003. 12. 27	GATS 제5조	서비스 협정	WT/REG163 S/C/N/265
중국-홍콩	2004. 1. 1	2003. 12. 27	GATT 제24조	자유무역협정	WT/REG162
중국-홍콩	2004. 1. 1	2003. 12. 27	GATS 제5조	서비스 협정	WT/REG162 S/C/N/264
미국-싱가포르	2004. 1. 1	2003. 12. 17	GATT 제24조	자유무역협정	WT/REG161
미국-싱가포르	2004. 1. 1	2003. 12. 17	GATS 제5조	서비스 협정	WT/REG161 S/C/N/263
미국-칠레	2004. 1. 1	2003. 12. 16	GATT 제24조	자유무역협정	WT/REG160
미국-칠레	2004. 1. 1	2003. 12. 16	GATS 제5조	서비스 협정	WT/REG160 S/C/N/262
크로아티아-보스니아 헤르체고비나	2001. 1. 1	2003. 10. 6	GATT 제24조	자유무역협정	WT/REG159
싱가포르-호주	2003. 7. 28	2003. 10. 1	GATS 제5조	서비스 협정	WT/REG158 S/C/N/233
싱가포르-호주	2003. 7. 28	2003. 10. 1	GATT 제24조	자유무역협정	WT/REG158

〈부록〉 GATT/WTO에 통보된 지역무역협정

협정명	발효일	GATT/WTO 통보			서류번호
		통보일	근거 조항	협정 종류	
터키-보스니아 헤르체고비나	2003. 7. 1	2003. 9. 8	GATT 제24조	자유무역협정	WT/REG157
터키-크로아티아	2003. 7. 1	2003. 9. 8	GATT 제24조	자유무역협정	WT/REG156
EC-레바논	2003. 3. 1	2003. 6. 4	GATT 제24조	자유무역협정	WT/REG153
불가리아-리투아니아	2002. 3. 1	2003. 4. 30	GATT 제24조	자유무역협정	WT/REG152
불가리아-이스라엘	2002. 1. 1	2003. 4. 14	GATT 제24조	자유무역협정	WT/REG150
불가리아-라트비아	2003. 4. 1	2003. 4. 8	GATT 제24조	자유무역협정	WT/REG151
불가리아-에스토니아	2002. 1. 1	2003. 3. 25	GATT 제24조	자유무역협정	WT/REG149
CARICOM	1997. 7. 1	2003. 2. 19	GATS 제5조	서비스 협정	WT/REG155 S/C/N/229
EFTA-싱가포르	2003. 1. 1	2003. 1. 24	GATS 제5조	서비스 협정	WT/REG148 S/C/N/226
EFTA-싱가포르	2003. 1. 1	2003. 1. 24	GATT 제24조	자유무역협정	WT/REG148
캐나다-코스타리카	2002. 11. 1	2003. 1. 17	GATT 제24조	자유무역협정	WT/REG147
EC-크로아티아	2002. 3. 1	2002. 12. 20	GATT 제24조	자유무역협정	WT/REG142
EC-요르단	2002. 5. 1	2002. 12. 20	GATT 제24조	자유무역협정	WT/REG141

〈부록〉 GATT/WTO에 통보된 지역무역협정

협정명	발효일	GATT/WTO 통보			서류번호
		통보일	근거 조항	협정 종류	
EFTA	2002. 6. 1	2002. 12. 3	GATS 제5조	서비스 협정	WT/REG154 S/C/N/207
일본-싱가포르	2002. 11. 30	2002. 11. 14	GATS 제5조	서비스 협정	WT/REG140 S/C/N/206
일본-싱가포르	2002. 11. 30	2002. 11. 14	GATT 제24조	자유무역협정	WT/REG140
미국-요르단	2001. 12. 17	2002. 10. 18	GATS 제5조	서비스 협정	WT/REG134 S/C/N/193
인도-스리랑카	2001. 12. 15	2002. 6. 26	권능 조항	자유무역협정	WT/COMTD/N/16
EC-멕시코	2001. 3. 1	2002. 6. 21	GATS 제5조	서비스 협정	WT/REG109 S/C/N/192
칠레-코스타리카	2002. 2. 15	2002. 5. 24	GATS 제5조	서비스 협정	WT/REG136 S/C/N/191
칠레-코스타리카	2002. 2. 15	2002. 5. 14	GATT 제24조	자유무역협정	WT/REG136
터키-슬로베니아	2000. 6. 1	2002. 3. 6	GATT 제24조	자유무역협정	WT/REG135
미국-요르단	2001. 12. 17	2002. 3. 5	GATT 제24조	자유무역협정	WT/REG134
EC-슬로베니아	1999. 2. 1	2002. 2. 11	GATS 제5조	서비스 협정	WT/REG146 S/C/N/190
EC-리투아니아	1998. 2. 1	2002. 2. 11	GATS 제5조	서비스 협정	WT/REG145 S/C/N/189
EC-에스토니아	1998. 2. 1	2002. 2. 11	GATS 제5조	서비스 협정	WT/REG144 S/C/N/188

〈부록〉 GATT/WTO에 통보된 지역무역협정

협정명	발효일	GATT/WTO 통보			서류번호
		통보일	근거 조항	협정 종류	
EC-라트비아	1999. 2. 1	2002. 2. 11	GATS 제5조	서비스 협정	WT/REG143 S/C/N/187
EC-요르단	2002. 1. 1	2002. 1. 22	GATT 제24조	자유무역협정	WT/REG133
EFTA-크로아티아	2002. 1. 1	2002. 1. 22	GATT 제24조	자유무역협정	WT/REG132
슬로베니아-보스니아 헤르체고비나	2002. 1. 1	2002. 1. 21	GATT 제24조	자유무역협정	WT/REG131
EC-마케도니아	2001. 6. 1	2001. 11. 21	GATT 제24조	자유무역협정	WT/REG129
헝가리-에스토니아	2001. 3. 1	2001. 10. 4	GATT 제24조	자유무역협정	WT/REG128
뉴질랜드-싱가포르	2001. 1. 1	2001. 9. 4	GATT 제24조	자유무역협정	WT/REG127
뉴질랜드-싱가포르	2001. 1. 1	2001. 9. 4	GATS 제5조	서비스 협정	WT/REG127 S/C/N/169
EFTA-멕시코	2001. 7. 1	2001. 7. 25	GATT 제24조	자유무역협정	WT/REG126
EFTA-멕시코	2001. 7. 1	2001. 7. 25	GATS 제5조	서비스 협정	WT/REG126 S/C/N/166
칠레-멕시코	1999. 8. 1	2001. 3. 14	GATS 제5조	서비스 협정	WT/REG125 S/C/N/142
칠레-멕시코	1999. 8. 1	2001. 2. 27	GATT 제24조	자유무역협정	WT/REG125
멕시코-이스라엘	2000. 7. 1	2001. 2. 27	GATT 제24조	자유무역협정	WT/REG124

〈부록〉 GATT/WTO에 통보된 지역무역협정

협정명	발효일	GATT/WTO 통보			서류번호
		통보일	근거 조항	협정 종류	
조지아-아르메니아	1998. 11. 11	2001. 2. 21	GATT 제24조	자유무역협정	WT/REG119
조지아-아제르바이잔	1996. 7. 10	2001. 2. 21	GATT 제24조	자유무역협정	WT/REG120
조지아-카자흐스탄	1999. 7. 16	2001. 2. 21	GATT 제24조	자유무역협정	WT/REG123
조지아-러시아	1994. 5. 10	2001. 2. 21	GATT 제24조	자유무역협정	WT/REG118
조지아-투르크메니스탄	2000. 1. 1	2001. 2. 21	GATT 제24조	자유무역협정	WT/REG122
조지아-우크라이나	1996. 6. 4	2001. 2. 21	GATT 제24조	자유무역협정	WT/REG121
EFTA-마케도니아	2001. 1. 1	2001. 1. 31	GATT 제24조	자유무역협정	WT/REG117
라트비아-터키	2000. 7. 1	2001. 1. 22	GATT 제24조	자유무역협정	WT/REG116
터키-마케도니아	2000. 9. 1	2001. 1. 22	GATT 제24조	자유무역협정	WT/REG115
키르기스스탄-아르메니아	1995. 10. 27	2001. 1. 4	GATT 제24조	자유무역협정	WT/REG114
EC-남아프리카공화국	2000. 1. 1	2000. 11. 14	GATT 제24조	자유무역협정	WT/REG113
EC-모로코	2000. 3. 1	2000. 11. 8	GATT 제24조	자유무역협정	WT/REG112
EC-이스라엘	2000. 6. 1	2000. 11. 7	GATT 제24조	자유무역협정	WT/REG110

〈부록〉 GATT/WTO에 통보된 지역무역협정

협정명	발효일	GATT/WTO 통보			서류번호
		통보일	근거 조항	협정 종류	
EAC	2000. 7. 7	2000. 10. 11	권능 조항	특혜 협정	WT/COMTD/N/14 WT/COMTD/25
CEMAC	1999. 6. 24	2000. 9. 28	권능 조항	특혜 협정	WT/COMTD/N/13 WT/COMTD/24
EC-멕시코	2000. 7. 1	2000. 8. 1	GATT 제24조	자유무역협정	WT/REG109
에스토니아-우크라이나	1996. 3. 14	2000. 7. 25	GATT 제24조	자유무역협정	WT/REG108
폴란드-터키	2000. 5. 1	2000. 5. 14	GATT 제24조	자유무역협정	WT/REG107
EFTA-모로코	1999. 12. 1	2000. 2. 20	GATT 제24조	자유무역협정	WT/REG91
WAEMU/UEMOA	2000. 1. 1	2000. 2. 3	권능 조항	특혜 협정	WT/COMTD/N/11 WT/COMTD/23
불가리아-마케도니아	2000. 1. 1	2000. 1. 21	GATT 제24조	자유무역협정	WT/REG90
헝가리-라트비아	2000. 1. 1	1999. 12. 20	GATT 제24조	자유무역협정	WT/REG84
헝가리-리투아니아	2000. 3. 1	1999. 12. 20	GATT 제24조	자유무역협정	WT/REG83
MSG	1993. 7. 22	1999. 10. 7	권능 조항	특혜 협정	WT/COMTD/N/9 WT/COMTD/21
CIS	1994. 12. 30	1999. 10. 1	GATT 제24조	자유무역협정	WT/REG82
키르기스스탄-카자흐스탄	1995. 11. 11	1999. 9. 29	GATT 제24조	자유무역협정	WT/REG81

〈부록〉 GATT/WTO에 통보된 지역무역협정

협정명	발효일	GATT/WTO 통보			서류번호
		통보일	근거 조항	협정 종류	
폴란드-라트비아	1999. 6. 1	1999. 9. 29	GATT 제24조	자유무역협정	WT/REG80
EFTA-팔레스타인	1999. 7. 1	1999. 9. 21	GATT 제24조	자유무역협정	WT/REG79
폴란드-페로제도	1999. 6. 1	1999. 8. 18	GATT 제24조	자유무역협정	WT/REG78
BAFTA	1994. 4. 1	1999. 6. 15	GATT 제24조	자유무역협정	WT/REG77
키르기스스탄-몰도바	1996. 11. 21	1999. 6. 15	GATT 제24조	자유무역협정	WT/REG76
키르기스스탄-러시아	1993. 4. 24	1999. 6. 15	GATT 제24조	자유무역협정	WT/REG73
키르기스스탄-우크라이나	1998. 1. 19	1999. 6. 15	GATT 제24조	자유무역협정	WT/REG74
키르기스스탄-우즈베키스탄	1998. 3. 20	1999. 6. 15	GATT 제24조	자유무역협정	WT/REG75
불가리아-터키	1999. 1. 1	1999. 5. 4	GATT 제24조	자유무역협정	WT/REG72
체코-터키	1998. 9. 1	1999. 4. 24	GATT 제24조	자유무역협정	WT/REG67
EAEC	1997. 10. 8	1999. 4. 6	GATT 제24조	관세동맹	WT/REG71
불가리아 CEFTA 가입	1999. 1. 1	1999. 3. 24	GATT 제24조	자유무역협정 가입	WT/REG11
슬로바키아-터키	1998. 9. 1	1999. 3. 24	GATT 제24조	자유무역협정	WT/REG68

〈부록〉 GATT/WTO에 통보된 지역무역협정

협정명	발효일	GATT/WTO 통보			서류번호
		통보일	근거 조항	협정 종류	
EC-튀니지	1998. 3. 1	1999. 3. 23	GATT 제24조	자유무역협정	WT/REG69
에스토니아-터키	1998. 6. 1	1999. 3. 23	GATT 제24조	자유무역협정	WT/REG70
슬로베니아-이스라엘	1998. 9. 1	1999. 3. 8	GATT 제24조	자유무역협정	WT/REG66
폴란드-이스라엘	1998. 3. 1	1999. 2. 25	GATT 제24조	자유무역협정	WT/REG65
에스토니아-페로제도	1998. 12. 1	1999. 1. 26	GATT 제24조	자유무역협정	WT/REG64
체코-에스토니아	1998. 2. 12	1998. 8. 3	GATT 제24조	자유무역협정	WT/REG62
슬로바키아-에스토니아	1998. 2. 12	1998. 8. 3	GATT 제24조	자유무역협정	WT/REG63
리투아니아-터키	1998. 3. 1	1998. 6. 8	GATT 제24조	자유무역협정	WT/REG61
이스라엘-터키	1997. 5. 1	1998. 5. 18	GATT 제24조	자유무역협정	WT/REG60
루마니아-터키	1998. 2. 1	1998. 5. 18	GATT 제24조	자유무역협정	WT/REG59
헝가리-터키	1998. 4. 1	1998. 5. 12	GATT 제24조	자유무역협정	WT/REG58
체코-이스라엘	1997. 12. 1	1998. 3. 30	GATT 제24조	자유무역협정	WT/REG56
슬로바키아-이스라엘	1997. 1. 1	1998. 3. 30	GATT 제24조	자유무역협정	WT/REG57

〈부록〉 GATT/WTO에 통보된 지역무역협정

협정명	발효일	GATT/WTO 통보			서류번호
		통보일	근거 조항	협정 종류	
슬로베니아- 크로아티아	1998. 1. 1	1998. 3. 25	GATT 제24조	자유무역협정	WT/REG55
헝가리-이스라엘	1998. 2. 1	1998. 3. 24	GATT 제24조	자유무역협정	WT/REG54
EC-안도라	1991. 7. 1	1998. 2. 25	GATT 제24조	관세동맹	WT/REG53
루마니아 CEFTA 가입	1997. 7. 1	1998. 1. 8	GATT 제24조	자유무역협정 가입	WT/REG11
슬로베니아 CEFTA 가입	1996. 1. 1	1998. 1. 8	GATT 제24조	자유무역협정 가입	WT/REG11
폴란드-리투아니아	1997. 1. 1	1997. 12. 30	GATT 제24조	자유무역협정	WT/REG49
슬로바키아- 라트비아	1997. 7. 1	1997. 11. 14	GATT 제24조	자유무역협정	WT/REG47
슬로바키아- 리투아니아	1997. 7. 1	1997. 11. 14	GATT 제24조	자유무역협정	WT/REG48
캐나다-칠레	1997. 7. 5	1997. 11. 13	GATS 제5조	서비스 협정	WT/REG38 S/C/N/65
체코-라트비아	1997. 7. 1	1997. 11. 13	GATT 제24조	자유무역협정	WT/REG45
체코-리투아니아	1997. 9. 1	1997. 11. 13	GATT 제24조	자유무역협정	WT/REG46
루마니아-몰도바	1995. 1. 1	1997. 9. 24	GATT 제24조	자유무역협정	WT/REG44
캐나다-칠레	1997. 7. 5	1997. 8. 26	GATT 제24조	자유무역협정	WT/REG38

〈부록〉 GATT/WTO에 통보된 지역무역협정

협정명	발효일	GATT/WTO 통보			서류번호
		통보일	근거 조항	협정 종류	
EC-팔레스타인	1997. 7. 1	1997. 6. 30	GATT 제24조	자유무역협정	WT/REG43
EC-불가리아	1995. 2. 1	1997. 4. 25	GATS 제5조	서비스 협정	WT/REG1 S/C/N/55
슬로베니아-에스토니아	1997. 1. 1	1997. 2. 20	GATT 제24조	자유무역협정	WT/REG37
슬로베니아-마케도니아	1996. 9. 1	1997. 2. 20	GATT 제24조	자유무역협정	WT/REG36
슬로베니아-라트비아	1996. 8. 1	1997. 2. 20	GATT 제24조	자유무역협정	WT/REG34
슬로베니아-리투아니아	1997. 3. 1	1997. 2. 20	GATT 제24조	자유무역협정	WT/REG35
EC-페로제도	1997. 1. 1	1997. 2. 19	GATT 제24조	자유무역협정	WT/REG21
캐나다-이스라엘	1997. 1. 1	1997. 1. 23	GATT 제24조	자유무역협정	WT/REG31
EC-슬로베니아	1997. 1. 1	1996. 11. 11	GATT 제24조	자유무역협정	WT/REG32
EEA	1994. 1. 1	1996. 10. 10	GATS 제5조	서비스 협정	WT/REG138 S/C/N/28
EC-체코	1995. 2. 1	1996. 10. 9	GATS 제5조	서비스 협정	WT/REG139 S/C/N/26
EC-루마니아	1995. 2. 1	1996. 10. 9	GATS 제5조	서비스 협정	WT/REG2 S/C/N/27
EC-헝가리	1994. 2. 1	1996. 8. 27	GATS 제5조	서비스 협정	WT/REG50 S/C/N/24

〈부록〉 GATT/WTO에 통보된 지역무역협정

협정명	발효일	GATT/WTO 통보			서류번호
		통보일	근거 조항	협정 종류	
EC-폴란드	1994. 2. 1	1996. 8. 27	GATS 제5조	서비스 협정	WT/REG51 S/C/N/25
EC-슬로바키아	1995. 2. 1	1996. 8. 27	GATS 제5조	서비스 협정	WT/REG52 S/C/N/23
EFTA-에스토니아	1996. 6. 1	1996. 7. 25	GATT 제24조	자유무역협정	WT/REG28
EFTA-라트비아	1996. 6. 1	1996. 7. 25	GATT 제24조	자유무역협정	WT/REG29
EFTA-리투아니아	1996. 8. 1	1996. 7. 25	GATT 제24조	자유무역협정	WT/REG30
EC-체코	1992. 3. 1	1996. 5. 13	GATT 제24조	자유무역협정	WT/REG18
EC-슬로바키아	1992. 3. 1	1996. 5. 13	GATT 제24조	자유무역협정	WT/REG18
페로제도-노르웨이	1993. 7. 1	1996. 3. 13	GATT 제24조	자유무역협정	WT/REG25
페로제도-스위스	1995. 3. 1	1996. 3. 8	GATT 제24조	자유무역협정	WT/REG24
페로제도-아이슬란드	1993. 7. 1	1996. 1. 23	GATT 제24조	자유무역협정	WT/REG23
EC-터키	1996. 1. 1	1995. 12. 22	GATT 제24조	관세동맹	WT/REG22
CER	1989. 1. 1	1995. 11. 22	GATS 제5조	서비스 협정	WT/REG40 S/C/N/7
EC(로마 조약)	1958. 1. 1	1995. 11. 10	GATS 제5조	서비스 협정	WT/REG39 S/C/N/6

〈부록〉 GATT/WTO에 통보된 지역무역협정

협정명	발효일	GATT/WTO 통보			서류번호
		통보일	근거 조항	협정 종류	
EFTA-슬로베니아	1995. 7. 1	1995. 10. 18	GATT 제24조	자유무역협정	WT/REG20
EC-리투아니아	1995. 1. 1	1995. 9. 26	GATT 제24조	자유무역협정	WT/REG9
EC-에스토니아	1995. 1. 1	1995. 6. 30	GATT 제24조	자유무역협정	WT/REG8
EC-라트비아	1995. 1. 1	1995. 6. 30	GATT 제24조	자유무역협정	WT/REG7
COMESA	1994. 12. 8	1995. 6. 29	권능 조항	특혜 협정	WT/COMTD/N/3
NAFTA	1994. 4. 1	1995. 3. 1	GATS 제5조	서비스 협정	WT/REG4 S/C/N/4
오스트리아, 핀란드, 스웨덴 EC 가입	1995. 1. 1	1995. 1. 20	GATT 제24조	관세동맹 가입	WT/REG3 L/7614/Add.1
오스트리아, 핀란드, 스웨덴 EC 가입	1995. 1. 1	1995. 1. 20	GATS 제5조	서비스 협정 가입	WT/REG3 S/C/N/6
EC-불가리아	1993. 12. 31	1994. 12. 23	GATT 제24조	자유무역협정	WT/REG1
EC-루마니아	1993. 5. 1	1994. 12. 23	GATT 제24조	자유무역협정	WT/REG2
CEFTA	1993. 3. 1	1994. 6. 30	GATT 제24조	자유무역협정	WT/REG11
EFTA-헝가리	1993. 10. 1	1993. 12. 23	GATT 제24조	자유무역협정	WT/REG13
EFTA-폴란드	1993. 11. 15	1993. 10. 20	GATT 제24조	자유무역협정	WT/REG15

〈부록〉 GATT/WTO에 통보된 지역무역협정

협정명	발효일	GATT/WTO 통보			서류번호
		통보일	근거 조항	협정 종류	
SAPTA	1995. 12. 7	1993. 9. 22	권능 조항	특혜 협정	WT/COMTD/10
EFTA-불가리아	1993. 7. 1	1993. 6. 30	GATT 제24조	자유무역협정	WT/REG12
EFTA-루마니아	1993. 5. 1	1993. 5. 24	GATT 제24조	자유무역협정	WT/REG16
체코-슬로바키아	1993. 1. 1	1993. 4. 30	GATT 제24조	관세동맹	WT/REG89
NAFTA	1994. 1. 1	1993. 2. 1	GATT 제24조	자유무역협정	WT/REG4
EFTA-이스라엘	1993. 1. 1	1992. 12. 1	GATT 제24조	자유무역협정	WT/REG14
AFTA	1992. 1. 28	1992. 10. 30	권능 조항	특혜 협정	L/4581
CAN	1988. 5. 25	1992. 10. 12	권능 조항	특혜 협정	L/6737
ECO	확인 불가	1992. 7. 22	권능 조항	특혜 협정	L/7047
EFTA-체코	1992. 7. 1	1992. 7. 3	GATT 제24조	자유무역협정	WT/REG87
EFTA-슬로바키아	1992. 7. 1	1992. 7. 3	GATT 제24조	자유무역협정	WT/REG88
EC-헝가리	1992. 3. 1	1992. 4. 3	GATT 제24조	자유무역협정	WT/REG18
EC-폴란드	1992. 3. 1	1992. 4. 3	GATT 제24조	자유무역협정	WT/REG18

〈부록〉 GATT/WTO에 통보된 지역무역협정

협정명	발효일	GATT/WTO 통보			서류번호
		통보일	근거 조항	협정 종류	
EFTA-터키	1992. 4. 1	1992. 3. 6	GATT 제24조	자유무역협정	WT/REG86
MERCOSUR	1991. 11. 29	1992. 3. 5	권능 조항	관세동맹	WT/COMTD/1
라오스-태국	1991. 6. 20	1991. 11. 29	권능 조항	특혜 협정	L/6947
포르투갈과 스페인 EC 가입	1986. 1. 1	1985. 12. 11	GATT 제24조	관세동맹 가입	L/5936
미국-이스라엘	1985. 8. 19	1985. 9. 13	GATT 제24조	자유무역협정	L/5862 L/5862/Add.1
GCC	확인 불가	1984. 10. 11	권능 조항	특혜 협정	L/5676
CER	1983. 1. 1	1983. 4. 14	GATT 제24조	자유무역협정	WT/REG111
LAIA	1981. 3. 18	1982. 7. 1	권능 조항	특혜 협정	L/5342
SPARTECA	1981. 1. 1	1981. 2. 20	권능 조항	특혜 협정	L/5100
그리스 EC 가입	1981. 1. 1	1979. 10. 24	GATT 제24조	관세동맹 가입	L/4845
EC-이집트	1977. 7. 1	1977. 7. 15	GATT 제24조	자유무역협정	WT/REG98
EC-시리아	1977. 7. 1	1977. 7. 15	GATT 제24조	자유무역협정	WT/REG104
PATCRA	1977. 2. 1	1976. 12. 20	GATT 제24조	자유무역협정	L/4451 L/4451/Add.1

〈부록〉 GATT/WTO에 통보된 지역무역협정

협정명	발효일	GATT/WTO 통보			서류번호
		통보일	근거 조항	협정 종류	
방콕 협정	1976. 6. 17	1976. 11. 2	권능 조항	특혜 협정	L/4418 L/4418/Corr.1
EC-알제리	1976. 7. 1	1976. 7. 28	GATT 제24조	자유무역협정	WT/REG105
CARICOM	1973. 8. 1	1974. 10. 14	GATT 제24조	관세동맹	WT/REG92
EC-노르웨이	1973. 7. 1	1973. 7. 13	GATT 제24조	자유무역협정	WT/REG137
EC-키프로스	1973. 6. 1	1973. 6. 13	GATT 제24조	관세동맹	WT/REG9
EC-아이슬란드	1973. 4. 1	1972. 11. 24	GATT 제24조	자유무역협정	WT/REG95
EC-스위스와 리히텐슈타인	1973. 1. 1	1972. 10. 27	GATT 제24조	자유무역협정	WT/REG94
덴마크, 아일랜드, 영국 EC 가입	1973. 1. 1	1972. 3. 7	GATT 제24조	관세동맹 가입	L/3677
GSTP	1989. 4. 19	1989. 9. 25	권능 조항	특혜 협정	L/6564/Add.1
PTN	1973. 2. 11	1971. 11. 9	권능 조항	특혜 협정	L/3598 18S/11
EC-몰타	1971. 4. 1	1971. 3. 24	GATT 제24조	관세동맹	WT/REG102
EC-OCTs	1971. 1. 1	1970. 12. 14	GATT 제24조	자유무역협정	WT/REG106
아이슬란드 EFTA 가입	1970. 3. 1	1970. 1. 30	GATT 제24조	자유무역협정 가입	L/3328 L/3328/Add.1

〈부록〉 GATT/WTO에 통보된 지역무역협정

협정명	발효일	GATT/WTO 통보			서류번호
		통보일	근거 조항	협정 종류	
TRIPARTITE	1968. 4. 1	1968. 2. 23	권능 조항	특혜 협정	L/2980 L/2980/Add.1
CACM	1961. 10. 12	1961. 2. 24	GATT 제24조	관세동맹	WT/REG93
EFTA (스톡홀름 협약)	1960. 5. 3	1959. 11. 14	GATT 제24조	자유무역협정	WT/REG85
EC(로마 조약)	1958. 1. 1	1957. 4. 24	GATT 제24조	관세동맹	L/626

참고문헌

양동휴,「기술 · 경제 · 역사 연구서설」,『경제논집』, 40, 2001, pp. 149-174.

______,「지역주의는 세계화의 디딤돌인가, 걸림돌인가: 이론적 역사적 고찰」,『경제논집』, 43, 2004, pp. 131-164.

이승훈 외,「수입상품 유통구조 개선방안」, 서울대학교 사회과학연구소, 1990.

Aghion, P. and P. Howitt, *Endogenous Growth Theory*, Cambridge: MIT Press, 1998.

Anderson, Edward, "Globalisation and wage inequalities, 1870-1970," *European Review of Economic History*, 5(1), April 2001.

Bairoch, Paul, *Economics and World History: Myths and Paradoxes*, Chicago: University of Chicago Press, 1993.

Banuri, T. and J. B. Schor, eds., *Financial Openness and National Autonomy*, Oxford: Oxford University Press, 1992.

Barrell, Ray and Amanda Choy, "Economic Integration and Openness in Europe and East Asia," NIESR, paper presented at the ASEM Symposium on Multilateral and Regional economic Relations, Tokyo, 25, March 2003.

Bhagwati, Jagdish, "Regionalism and multilateralism: an overview," in De Melo and Panagariya, eds., *New dimensions in regional integration*, 1993.

Bhagwati, Jagdish and Arvind Panagariya, "Preferential Trading Areas and Multilateralism Strangers, Friends, or Foes?," in Bhagwati, and Panagariya, eds., *The Economics of Preferential Trade Arrangements*, 1996, pp. 1-78.

Bhagwati, Jagdish and Arvind Panagariya, eds., *The Economics of Preferential Trade Arrangements*, Washington D.C.: AEI Press, 1996.

Bordo, Michael, D., "Globalization in Historical Perspective," *Business Economics*, January 2002, pp. 20-29.

Bordo, Michael D., Alan M. Taylor, and Jeffrey G. Williamson, eds., *Globalization in Historical Perspective*, University of Chicago Press, 2003.

Bordo, Michael D., Barry Eichengreen, and Douglas A. Irwin, "Is Globalization Today Really Different than Globalization A Hundred Years Ago?," NBER Working Paper 7195, June 1999.

Bourguignon, Francois et al., "Making Sense of Globalization: A Guide to the Economic Issues," Center for Economic Policy, Research Policy Paper No. 8, 2002.

Cable, Vincent and David Henderson, eds., *Trade Blocs? The Future of*

Regional Integration, London: Royal Institute of International Affairs, 1994.

Castles, S. and M. J. Miller, *The Age of Migration: International Population Movements in the Modern World*, New York: Guilford Press, 1993.

Chiswick, Barry R. and Timothy J. Hatton, "International Migration and the Integration of Labor Market," in Michael D. Bordo, Alan M. Taylor, and Jefferey G. Williamson, eds., *Globalization in Historical Perspective*, 2003.

Clark, Ian, *Globalization and Fragmentation: International Relations in the Twentieth Century*, Oxford: Oxford University Press, 1997.

Commission of the European Communities, *Responses to the Challenges of Globalization: A Study on the International Monetary and Financial System and on Financing for Development*, Working Document of the Commission Services, SEC 185, Feb. 2002.

Dee, Philippa and Jyothi Gali, "The Trade and Investment Effects of Preferential Trading Arrangements," Paper prepared for Fourteenth Annual NBER-East Asian Seminar or on Economics, Taipei, 5-7, September 2003.

De Melo, Jaime and Arvind Panagariya, eds., *New Dimensions in Regional Integration*, London: Centre for Economic Policy Research, 1995.

Eichengreen, Barry, "The European Payments Union: an efficient mechanism for rebuilding Europe's trade?," in Barry Eichengreen, ed., *Europe's post-war recovery*, Cambridge: Cambridge University Press, 1995, pp. 169-195.

______, *Globalizing Capital: A History of the International Monetary System*, Princeton: Princeton University Press, 1996.

Eichengreen, Barry and Michael D. Bordo, "Crises Now and Then: What Lessons from the Last Era of Financial Globalization?," NBER Working Paper 8716, Jan. 2002.

Estevadeordal, Antoni and Alan Taylor, "A Century of Missing Trade?," *American Economic Review*, 92, March 2002, pp. 383-393.

Ethier, W., "Regionalism in a Multilateral World," *Journal of Political Economy*, 106, December 1998, pp. 1214-1245.

Feenstra, Robert, "Integration of Trade and Disintegration of Production in the Global Economy," *Journal of Economic Perspectives*, 12(4), Fall 1998, pp. 31-50.

Findlay, Ronald and Kevin O'Rourke, "Commodity Market Integration 1500-2000," in Michael D. Bordo, Alan M. Taylor and Jefferey G. Williamson, eds., *Globalization in Historical Perspective*, 2003.

Finger, J. Michael, "GATT's influence on regional arrangements," in De Melo and Panagariya, eds., *New dimensions in regional integration*, 1993.

Fischer, Stanley, "Globalization and Its Challenges," *AEA Papers and*

Proceedings, 93-2, May 2003, pp. 1-30.

Frankel, Jeffrey A., *Regional trading Blocs in the World Economic System*, Washington D.C.: Institute for International Economics, 1997.

______, "Globalization of the Economy," in Joseph Nye and John Donahue, eds., *Governance in a Globalizing World*, Washington D.C.: Brookings Institution, 2000.

Frankel, Jeffrey A., ed., *The Regionalization of the World Economy*, Chicago: University of Chicago Press, 1998.

Friedman, Thomas, *The Lexus and the Olive Tree: Understanding Globalization*, New York: Anchor Books, 2000.

Gilpin, Robert, *The Challenge of Global Capitalism: The World Economy in the 21st Century*, Princeton: Princeton University Press, 2000.

______, *Global Political Economy: Understanding the International Economic Order*, Princeton: Princeton University Press, 2001.

Graham, Edward, *Fighting the Wrong Enemy: Anti-Global Activists and Multinational Enterprises*, Washington, D.C.: Institute for International Economics, 2000.

Held, David, Anthony McGrew, David Goldblatt, and Jonathan Perraton, *Global Transformations*, Stanford: Stanford University Press, 1999(조효제 옮김, 『전지구적 변환』, 창작과비평사, 2002).

Helliwell, J.F., *How Much Do National Borders Matter?* Washington, D.C.: Brookings Institution, 1998.

James, Harold, *The End of Globalization: Lessons from the Great Depression*, Cambridge, Mass.: Harvard University Press, 2001(이헌대·이명휘·최상오 옮김, 『세계화의 종말』, 한울, 2002).

Keynes, John Maynard, "National Self-Sufficiency," *Yale Review*, 22(4), June 1933.

Kindleberger, Charles P., *The World in Depression 1929-1939*, Berkeley: University of California Press, 1973(박명섭 옮김, 『대공황의 세계』, 부키, 1998).

Kozul-Wright, Richard and Robert Rowthorn, eds., *Transnational Corporations and the Global Economy*, New York: St. Martin's Press, 1998.

Krugman, Paul, "Regionalism versus multilateralism: analytical notes," in De Melo and Panagarnya, eds., *New dimensions in regional integration*, 1993.

______,"Growing World Trade: Cause and Consequences," *Brookings Papers on Economic Activity* 1, 1995, pp. 327-377.

______, "Making the World Safe for George Soros," *The Accidental Theorist*, New York: W.W. Norton, 1998(김이수 옮김, 『우울한 경제학자의 유쾌한 에세이』, 부키, 2002).

Lindert, Peter H. and Jeffrey G. Williamson, "Does Globalization Make the World More Unequal?," in Michael D. Bordo, Alan M. Taylor, and Jefferey G. Williamson, eds., *Globalization in Historical*

Perspective, 2003.

Mansfield, Edward D. and Helen V. Milner, eds., *The Political Economy of Regionalism*, New York: Columbia University Press, 1997.

Nye, Joseph S., Jr. and John D. Donahue, eds., *Governance in a Globalizing World*, Visions of Governance for the 21st Century, Washington, D.C.: Brookings Institution, 2000.

Obstfeld, Maurice and Alan M. Taylor, "Globalization and Capital Market," in Michael D. Bordo, Alan M. Taylor and Jefferey G. Williamson, eds., *Globalization in Historical Perspectiv*, 2003.

Oman, Charles, *Globalisation and Regionalisation: The Challenge for Developing Countries*, Paris: Development Centre of the Organization for Economic Cooperation and Development, 1994.

O'Meara, Patrick, Howard Mehlinger, and Matthew Krain, eds., *Globalization and the Challenges of the New Century*, Bloomington: Indiana University Press, 2000.

O'Rourke, Kevin H., "The European Grain Invasion, 1870-1913," *Journal of Economic History*, 57, 1997, pp. 775-801.

______, "Globalization and Inequality: Historical Trends," NBER Working Paper 8339, June 2001.

O'Rouke, Kevin H., Alan Talor, and Jeffrey G. Williamson, "Factor Price Convergence in the Late Nineteenth Century," *International Economic Review*, 37, Aug. 1996, pp. 49-53.

O'Rourke, Kevin H. and Jeffrey G. Williamson, *Globalization and History: The Evolution of a 19th Century Atlantic Economy*, Cambridge: MIT Press, 1999.

______, "When did globalisation begin?," *European Review of Economic History*, 6, April 2002, pp. 23-50.

Pomfret, Richard, *The Economics of Regional Trading Arrangements*, Oxford: Oxford University Press, 1997.

Rodrik, D., *Has Globalization Gone Too Far?*, Washington, D.C.: Institute for International Economics, 1997.

Saxonhouse, Gary R., "Trade blocs and East Asia," in De Melo and Panagariya, eds., *New Dimensions in Regional Integration*, 1993.

Siebert, Horst, *The World Economy*, London: Routledge, 1999.

Soros, George, *The Crisis of Global Capitalism*, New York: Public Affairs Books, 1998.

Stiglitz, Joseph, *Globalization and its Discontents*, New York: W.W. Norton, 2002(송철복 옮김, 『세계화와 그 불만』, 세종연구원, 2002).

Subramanian, Arvind and Shang-Jin Wei, "The WTO Promotes Trade, Strongly but Unevenly," NBER Working Paper 10024, October 2003.

Taylor, Alan M., "Globalization, Trade, and Development: Some Lessons from History," NBER Working Paper 9326, Nov. 2002.

Temin, Peter, "Globalization," *Oxford Review of Economic Policy*, 15(4),

1999, pp. 76-89.

Wallerstein, Immanuel, *The Modern World System* I, New York: Academic Press, 1974(나종일 외 옮김, 『근대세계체제 I』, 까치, 1999).

Williamson, Jeffrey G., "The Evolution of Global Labor Markets since 1830: Background Evidence and Hypothesis," *Explorations in Economic History*, 32, April 1995.

______, "Globalization, Convergence and History," *Journal of Economic History*, 56, June 1996, pp. 277-306.

______, "Globalization, Labor Markets and Policy Backlash in the Past," *Journal of Economic Perspectives*, 12(4), Fall 1998, pp. 51-72.

______, "Land, Labor and Globalization in the Third World, 1870-1940," *Journal of Economic History*, 62, March 2002a.

______, "Winners and Losers over Two Centuries of Globalization," NBER Working Paper 9161, Sep. 2002b.

Yang, Donghyu, "The Marshall Plan: Economic Achievements and Current Implications," mimeo, 2004.